高校教育管理体系构建研究

单林波 著

首都师范大学出版社
CAPITAL NORMAL UNIVERSITY PRESS

图书在版编目（CIP）数据

高校教育管理体系构建研究/单林波著. —北京：首都师范大学出版社，2022.8

ISBN 978-7-5656-7135-7

Ⅰ.①高… Ⅱ.①单… Ⅲ.①高等教育—教育管理—研究—中国 Ⅳ.①G649.2

中国版本图书馆CIP数据核字（2022）第150341号

高校教育管理体系构建研究

单林波　著

责任编辑	连景岩

首都师范大学出版社出版发行

地　　址	北京西三环北路105号
邮　　编	100048
电　　话	68418523（总编室）68982468（发行部）
网　　址	http：//cnupn.cnu.edu.cn
印　　刷	天津雅泽印刷有限公司
经　　销	全国新华书店
版　　次	2022年8月第1版
印　　次	2022年8月第1次印刷
开　　本	710mm×1000mm　1/16
印　　张	10
字　　数	183千
定　　价	50.00元

版权所有　违者必究

如有质量问题　请与出版社联系退换

目 录

第一章 大学生管理概述 …………………………………………………… 1

 第一节 大学生管理的内涵 ……………………………………………… 1

 第二节 大学生管理的理念 ……………………………………………… 9

 第三节 大学生管理的过程 ……………………………………………… 14

 第四节 大学生管理的发展创新 ………………………………………… 23

第二章 高校教学管理 ……………………………………………………… 30

 第一节 教学管理概述 …………………………………………………… 30

 第二节 教学管理要体现自由理念 ……………………………………… 35

 第三节 教学管理要体现服务理念 ……………………………………… 38

 第四节 高校教学资源管理信息化 ……………………………………… 40

第三章 高校管理人员管理 ………………………………………………… 48

 第一节 高校管理队伍专业化概述 ……………………………………… 48

 第二节 高校管理队伍专业化建设研究 ………………………………… 59

第四章 高校学生教育管理 ………………………………………………… 65

 第一节 大学生行为管理 ………………………………………………… 65

 第二节 大学生群体组织管理 …………………………………………… 87

 第三节 大学生安全和资助管理 ………………………………………… 106

第五章　高校行政管理 …………………………………………………… 136

第一节　高校行政管理总述 ………………………………………… 136
第二节　高校行政管理的问题与思考 ……………………………… 137
第三节　高校行政管理的改革与创新 ……………………………… 141

参考文献 …………………………………………………………………… 156

第一章 大学生管理概述

第一节 大学生管理的内涵

研究大学生管理,首先要明确其内涵。而要全面深入地把握大学生管理的内涵,就要弄清大学生管理的含义,了解大学生管理的特点,明确大学生管理的目标。

一、大学生管理的含义

管理,就其字面意义而言,是管辖、处理的意思。管理的涉及面极其广泛,人们往往按照某种需要,从某种角度来看待和谈论管理。因此,对管理也就形成了多种不同的解释。即使是在管理学界,对管理也有多种不同的定义。有的从管理职能和过程的角度,认为管理是由计划、组织、指挥、协调和控制等职能为要素组成的活动过程;有的强调管理的协调作用,认为管理是在某一组织中,为完成目标而从事的对人与物质资源的协调活动;有的突出组织中的人际关系和人的行为,认为管理就是协调人际关系,激发人的积极性,以达到共同目标的一种活动;有的从决策在管理中的重要地位出发,认为管理就是决策;有的从系统论的角度出发,认为管理就是根据一个系统所固有的客观规律,施加影响于这个系统,从而使这个系统呈现一种新的状态的过程。这些不同的定义,从不同的角度揭示了管理活动的特性。

综合上述各种观点,我们可以对管理的概念做如下表述:管理是在一定的社会组织中,人们通过决策、计划、组织和控制,有效地利用人力、物力、财力、时间和信息等各种资源,以达到预定目标的一种社会活动过程。

大学生管理是高等学校教育管理的一个重要组成部分，也是高等学校人才培养工作的一个重要环节。因此，大学生管理既具有管理的一般本质，又有其自身的特殊本质。这主要表现在下述几点。

（一）大学生管理是在高等学校这一特定社会组织中进行的

任何管理活动都是在一定的社会组织中进行的。正如马克思所说："凡是有许多个人进行协作的劳动，过程的联系和统一都必然要表现在一个指挥的意志上，表现在各种与局部劳动无关而与工场全部活动有关的职能上，就像一个乐队要有一个指挥。"高等学校是系统培养专门人才的社会组织，大学生的教育和培养工作是其首要的和基本的任务。大学生管理也就是高等学校为实现这一任务而进行的特殊的管理活动。

（二）大学生管理的目的是实现高等学校的人才培养目标，促进大学生全面发展

管理总是有一定目的，管理的目的就是要实现一定社会组织的某种预定目标。世界上既不存在无目标的管理，也不可能实现无管理的目标。大学生管理作为高等学校人才培养工作的一个重要环节，其目的就是要实现高等学校在人才培养方面的预定目标，促进大学生的全面发展，使之成为德智体美劳全面发展、富有创新精神和实践能力的中国特色社会主义事业的建设者和接班人。

（三）大学生管理的实质是要有效地利用学校的各种资源，为大学生的成长成才提供指导和服务

大学生管理的任务是要为大学生顺利完成学业、健康成长成才提供各方面的指导和服务，包括对大学生个体和群体的行为引导、为家庭经济困难学生提供的资助服务、为毕业生提供的就业服务等等。为此，就需要通过科学的决策、计划、组织和控制，有效地利用学校的各种资源，包括人力、物力、财力、时间和信息等。综上所述，所谓大学生管理，也就是指高等学校为实现人才培养目标，促进大学生全面发展，通过决策、计划、组织和控制，有效地利用各种资源，为大学生成长成才提供各种指导和服务的社会活动过程。

二、大学生管理的特点

大学生管理作为高等学校为实现人才培养目标而为大学生提供的引导与服务的社会活动，有其自身显著的特点。

(一) 突出的教育功能

大学生管理是高等学校人才培养工作的重要组成部分，因此，大学生管理既具有管理的属性，又具有教育的属性，有着突出的教育功能。

1. 大学生管理的目标服从和服务于大学生教育的目标

大学生是为了接受大学教育而跨进大学之门的，大学生管理则是高等学校为实现大学生教育目标，促使学生圆满完成大学学业而实施的特殊管理活动，因此，大学生管理的目标必然服从和服务于大学生教育的目标。一方面，大学生教育目标是制定大学生管理目标的基本依据。实际上，大学生管理目标也就是大学生教育目标在大学生管理活动中的贯彻和体现，是其在大学生教育领域的分目标。离开了教育目标，大学生管理也就偏离了方向。另一方面，大学生教育目标的实现有待于大学生管理目标的实现。大学生管理是实现大学生教育目标的重要手段，只有通过有效的管理，建立和保持正常的教育教学和生活秩序，充分调动大学生学习的积极性和主动性，为大学生提供各种必要的指导和服务，才能保证学校教育教学活动的顺利进行和学生的健康成长。没有有效的大学生管理，教育目标也就不可能实现。

2. 教育方法在大学生管理方法体系中具有突出的作用

教育方法是包括大学生管理在内的现代管理活动中最经常、最广泛使用的一种基本手段。这是因为，一切管理活动都离不开人，而人是有思想的，人的活动总是由一定的思想意识支配的。正如恩格斯所说："推动人去从事活动的一切，都要通过人的头脑。"因此，任何管理活动都要坚持思想领先的原则，注意做好人的思想工作，通过影响人的思想去引导和制约人们的活动。而大学生管理作为大学生教育和培养工作系统中的一个重要组成部分，也就必然要更加注重运用教育的手段，以增强大学生管理的实效性。同时，教育方法也是大学生管理中其他方法顺利实施并收到实效的基础。大学生管理的法律方法、行政方法和经济方法的实施，一般都要伴之以思想道德教育，才能收到良好的效果。正如毛泽东同志所说："为着维持社会秩序的目的而发布的行政命令，也要伴之以说服教育，单靠行政命令，在许多情况下就行不通。"

3. 大学生管理过程同时也是教育大学生的过程

高等学校是教育和培养专门人才的场所，高等学校的一切工作都应当对学生起到良好的教育和影响作用。直接面向大学生所实施的大学生管理工作，自然更是如此。事实上，在大学生管理过程中包含着十分丰富的教育因素。大学生管理过程中所贯彻的以人为本、民主法治、公正和谐的理念，所体现的从学校和学生的实际出发、遵循教育规律和管理规律、实事求是的科学精神，所采用的民主管理、依法管理、科学管理的方法等等，都会对学生起到潜移默化的影响。大学生管理过程中所实行的依据大学生成长成才规律和要求制定的各项规章制度，都会对大学生起到思想导向、动机激励和行为规范的作用。大学生管理过程中管理人员的情感、态度和言行也会对大学生起到表率和示范作用。可见，大学生管理的过程同时也是教育学生的过程，并直接影响着大学生思想品德的形成与发展。

（二）鲜明的价值导向

大学生管理是为社会培养人才提供服务的，大学生管理目标、管理体制和管理形式总是受到社会的经济基础、政治制度和意识形态的制约。因此，大学生管理必然具有鲜明的价值导向，它总是贯穿于社会的主导价值体系中，并直接影响着大学生价值观的形成、变化与发展。我国是人民民主专政的社会主义国家，我国的高等学校是为社会主义事业建设培养专门人才的。这就决定了我国的大学生管理必然要坚持社会主义的价值导向。具体地说，大学生管理的价值导向主要体现在以下几方面。

1. 大学生管理的价值导向集中体现在管理目标中

目的性是人类实践活动的基本特征。而人的实践活动的目的，总是基于一定需要和对实践对象的属性及其变化趋势的认识与判断，因此总是体现着一定的价值观念。大学生管理的目的同样如此。事实上，大学生管理的目的以及作为其具体展开的整个目标体系，都是基于一定的价值观念确定和设计的，都体现出一定的价值观念和价值追求，因此，大学生管理的价值导向不但对管理者的管理行为和大学生的日常行为起着导向、激励和评价作用，而且会对大学生价值观的形成和发展起到重要的引导和促进作用。例如，建立和维护良好的教育教学和生活秩序是大学生管理的重要目标，这一目标体现了"有序"的价值，因此这一目标的执行，会促进大学生形成"有序"的观念。同时，大学生管理是大学生教育的重要环节。为谁培养人才，培养什么样的人才，始终是大学生教育的首要问题，当然也是大学生管理的首要问题。显然，对这个问题的解决，必然鲜明地体现出一定的价值观念和价值追求。在我国现阶段，也就是要体现社会主义核心价值体系，体现为实现中国特色社会主义的共同理想对人才培养的要求。所以，我国大学生管理的目标必然要体现社会主义的价值导向。

2. 大学生管理的价值导向突出体现在管理理念中

大学生管理理念是大学生管理的指导思想，直接制约着大学生管理的原则和方法。而大学生管理理念也总是体现了社会的价值体系，并往往是社会的先进的价值观念在大学生管理中的贯彻和体现。例如，大学生管理中"以人为本"的理念，就是我们党所坚持的"以人为本"的价值观念在大学生管理中的贯彻和体现。在大学生管理中全面贯彻"以人为本"的理念，坚持做到尊重人、理解人、关心人，必然会对学生正确认识人的价值，确立"以人为本"的价值观念产生积极影响。

3. 大学生管理的价值导向具体体现在管理制度中

制定科学而又严密的规章制度，是大学生管理的基本手段，是大学生管理规范化、制度化和法制化的基本保证和主要标志。而管理规章制度总是人们在一定的价值观念指导和影响下制定出来的，总是体现着一定的价值导向，具体表现为：要求大学生做什么，不做什么；鼓励和提倡做什么，反对和禁止做什么；奖励什么样的行为和表现，惩罚什么样的行为和表现等。大学生管理制度中的这些规定无不体现着鲜明的价值导向。

（三）复杂的系统工程

同任何管理活动一样，大学生管理也是一项系统工程，具有整体性、层次性、动态性和开放性。同时，大学生管理又有其特殊的复杂性，因此是一项十分复杂的系统工程。

1. 大学生管理的任务是复杂的

既要紧紧围绕大学生的中心任务，加强对学生学习行为和实践活动的管理和引导，又要切实为大学生的健康成长着想，加强对学生日常行为包括交往行为、消费行为、网络行为的管理和引导，及时发现、校正和妥善处理学生的异常行为；既要加强对大学生现实群体包括学生班级、学生党团组织、学生社团和学生生活园区的管理和引导，又要适应网络时代的新情况，加强对以网络为平台形成的大学生虚拟群体的管理和引导；既要对大学生在校园内的安全加强管理和引导，又要为大学生在校外的安全提供必要地指导和督促；既要做好面向全体学生的奖学金评定工作，以充分调动学生的学习积极性，又要做好面向家庭经济困难学生的资助工作，以帮助他们顺利完成学业；既要引导新生科学制订职业生涯规划，明确努力的具体目标，又要为毕业生提供就业、创业指导和服务，使学生能够在合适的岗位上施展自己的才华、实现自身的价值。总之，大学生管理渗透于大学生专业学习和日常生活的各方面，贯穿于大学生培养工作的所有环节和全部过程，其任务是复杂而又艰巨的。

2. 大学生是具有明显差异和鲜明个性的

大学生管理的对象是大学生，而大学生则有着显著的差异和鲜明的个性。他们各有其特殊的精神世界和思想感情，有着不同的气质、性格、兴趣、爱好和习惯。即使是同一个年级、专业、班级的学生，由于他们各有其特殊的生活条件和生活经历，他们的思想行为也各有其特点。同时，随着自主意识的增强，大学生普遍崇尚个性，追求个性的自由发展和完善。对同一学生而言在成长变化不同的历史时期有着不同的特点。因此，大学生管理就不可能完全按照统一的要求、规格和程序来进行，而要善于根据大学生的个性特点，因人而异，因势利导，有针对性地开展工作。这就使大学生管理具有了特殊的复杂性。

3. 影响大学生成长的外部环境因素是复杂的

大学生管理的目的是要促进大学生的健康成长，而影响大学生成长的，不仅有学校教育因素，还有外部环境因素。外部环境的构成因素是复杂的。现实世界中，所有与大学生的学习、生活、活动和交往有关的环境因素，都或多或少会对大学生的成长产生影响。其中，有社会的因素，也有自然的因素；有物质的因素，也有精神的因素；有经济的、政治的因素，也有文化的因素；有国际的、国内的因素，也有家庭的、学校的因素；有现实的因素，也有历史的因素。尤其是随着现代信息技术的迅猛发展，世界越来越紧密地联系在一起，大学生可以方便快捷地获取来自世界各地的信息，因此，影响大学生思想行为及其成长的环境因素也就更为广泛，更为复杂。

三、大学生管理的目标

大学生管理目标是一定时期内实施大学生管理活动所要达到的预期结果。大学生管理目标是大学生管理过程的指向、核心和归宿，规定着大学生管理的方向和任务，制约着大学生管理的手段和方法。科学地确定并正确地把握大学生管理的目标，是进行大学生管理的前提，是提高大学生管理效益的关键。

（一）确定大学生管理目标的依据

大学生管理目标作为大学生管理活动所要达到的预期结果，其形式是主观的，但它的确定并不是主观随意的，而是围绕高等学校的人才培养目标，依据社会发展的客观要求和大学生自身发展的客观需要而制定出来的。

1. 高等学校的人才培养目标，是确定大学生管理目标的直接依据

高等学校的人才培养工作是一个十分复杂的系统工程，大学生管理作为这一系统的重要组成部分，其目的就是要通过为大学生提供各种指导和服务，以保证学校人才培养目标的实现。因此，大学生管理目标的确定也就必然要以高等学校的人才培养目标为依据。实际上，大学生管理目标也就是高等学校人才培养目标在大学生管理领域中的体现和具体化。

2. 社会发展的客观要求，是确定大学生管理目标的根本依据

这是因为，高等学校的人才培养目标，归根到底是由社会发展的客观要求决定的。同时，大学生发展的基本趋势和总体状况归根到底取决于社会发展的状况及其对人才素质的客观要求。而大学生管理的实质就是要引导和帮助大学生充分利用社会所提供的各种条件，发展和完善自己，以适应社会发展的客观要求。我国正处于并将长期处于社会主义初级阶段。在社会主义初

级阶段，中国共产党的基本路线是领导和团结全国各族人民，以经济建设为中心，坚持四项基本原则，坚持改革开放，自力更生，艰苦创业，为把我国建设成为富强民主文明和谐美丽的社会主义现代化强国而奋斗。建设社会主义现代化国家，实现中华民族的伟大复兴，需要德智体美劳全面发展的专业人才。我国社会主义事业发展的这种客观要求，是我们制定大学生管理目标的根本依据。

3. 大学生自身发展的需要，是确定大学生管理目标的重要依据

大学生管理目标的确定，在主要依据社会发展需要的同时，还应当兼顾大学生自身发展的需要。首先，大学生正处于发展之中，是具有鲜明个性的人。他们都有自己的思想感情、兴趣爱好和理想追求，都有丰富和发展自己的迫切需要。因此，大学生管理的目标也就必然要体现大学生自身发展的需要。其次，大学生既是管理的对象，又是能动的主体。大学生管理目标能否实现，关键就看它能否激发大学生自我管理的主动性和积极性。为此，大学生管理目标，就必须体现大学生自身发展的需要。只有这样，外在的管理目标才能转化为大学生自身的内在追求，从而激励大学生自觉地开展自我管理，不断地奋发努力。

（二）大学生管理的目标体系

大学生管理目标按其地位和作用范围，可分为总目标和分目标。大学生管理的总目标是大学生管理的全部活动所要达到的预期结果。大学生管理的分目标则是各个领域、各种层次以及各个阶段的大学生管理活动分别所要达到的预期结果。总目标是分目标的基本依据，分目标是总目标的分解和具体化；总目标调节和控制着分目标的执行，总目标的实现有待于各个分目标的完成。大学生管理的总目标和分目标相互联系、相互作用，构成了大学生管理的目标体系。

1. 维护高等学校正常的教育教学秩序和生活秩序，是大学生管理的直接目标

任何管理活动的直接目标或第一个目标都是建立和维护组织的正常秩序。事实上，管理活动的产生首先就是为了规范和协调人的行为，以使组织的各项活动能够围绕组织的目标，按照一定的制度和规定有条不紊地进行。

这就像一个乐队总要有一个指挥，而指挥的目的首先就是要使乐队全体成员的演奏都能够按照乐谱的规定和要求有序地进行。同样，大学生管理的直接目的也就是要引导、规范和调控大学生的行为，建立和维护高等学校正常的教育教学和生活秩序，以使学校的各项教育教学活动和学生的学习与生活能够有序地进行。

2. 保障学生的身心健康，是大学生管理的基本要求

身心健康包括生理健康和心理健康，是生理健康和心理健康的有机统一。生理健康是心理健康的物质基础，心理健康是生理健康的精神支柱。身心健康是人的全面发展的基础和内在要求。一个人，没有强健的体魄、振奋的精神和坚强的意志，就谈不上全面发展，也不可能成为适应社会需要的全面发展的高素质人才。保障大学生的身心健康是培养社会合格人才的内在要求，是大学生自身成长成才的迫切需要。

第二节 大学生管理的理念

一、人本管理理念

理性化和人性化一直是管理发展中的两条重要线索。泰勒及其科学管理理论是理性主义的典型代表，并长期居于管理思想的主流。20 世纪 20 年代以来，随着"人际关系理论"以及"行为科学"的发展，人文主义逐渐占据管理思想的重要地位，人性和个人价值得到普遍认同。人本管理的思想要求在管理活动中，始终把人放在中心位置。在手段上，着眼于所有成员积极性的发挥和人力资源的优化配置；在目的上，追求人的全面发展以及由此带来的效益最优化。

在大学生管理工作中，坚持人本管理理念就是要以学生为本，就是要树立现代学生观，尊重学生的主体地位，促进学生的个性化发展，实现学生的多样化评价。在实际工作中尊重学生的主体性、差异性、丰富性、独特性，把学生当作有血有肉、有生命尊严、有思想感情的个体；以学生成长成才为中心，真正尊重学生，理解学生，关心学生，引导学生。

(一) 尊重学生主体需求，促进学生成长成才

要区分不同类型、不同层次学生的特点和需求，分层次、分阶段做深入细致的教育、管理和服务工作，建立起帮助学生成长，解决学生困难，方便学生办事，维护学生权益的大学生管理工作体系，让学生受到最好的教育。因此，大学生管理工作必须从学生的需求出发，把工作的需求与学生的成长成才需求紧密结合，把学生的当前需求与长远需求紧密结合，把学生个人的需求与群体的需求紧密结合，把表面的物质需求与深层次的精神需求紧密结合，努力培养德才兼备、品学兼优、知行合一的社会主义建设者和可靠接班人。

(二) 体现学生的主体参与，实现学生的自主发展

要充分发挥学生的主体作用，引导学生参与管理实践，使学生成为管理的主人。学生参与管理的主要平台有学生会、班委会、学生党支部、社团联合会等学生组织，可以通过学生干部定期换届等方式，努力让每个学生都有机会参与管理。在就业管理、安全管理、资助管理等工作中，也要充分调动学生的积极性，引导学生参与相关政策的制定和实施，真正实现管理依靠学生。

(三) 实行民主管理

推行民主管理，尊重学生的主动性和首创性是人本理念的重要体现。因此，不仅要增强管理者和学生的民主管理意识，更要完善民主选举、决策和监督等民主管理运行机制，畅通民主管理渠道。

二、服务育人理念

大学生管理说到底就是为大学生的全面发展和健康成长服务，而不仅仅是为了"管"学生，更不能把学生仅看作管理的对象。只有树立了管理就是服务、管理就是育人的理念，才能从根本上转变大学生管理的态度、思路、方法和作风。中共中央国务院发出《关于进一步加强和改进大学生思想政治教育的意见》明确指出，高校加强和改进大学生思想政治教育是教书育人、管理育人、服务育人相统一的系统工程。要"坚持教育与管理相结合"，要"从严治教，加强管理"，要"建立健全与法律法规相协调、与高等教育全面

发展相衔接、与大学生成长成才需要相适应的思想政治教育和管理的制度体系。"要时刻注意把思想政治教育融入大学生管理之中，建立起自律与他律、激励与约束有机结合的长效机制。

（一）要强化服务意识，着力解决学生最关心的实际问题

大学生管理涉及关乎学生切身利益的诸多方面，比如学业问题、就业问题、家庭经济困难问题和心理问题等等。管理者要高度重视解决学生的这些实际问题，让学生感受到关怀与温暖，为其接受管理者的教育与引导奠定感情基础。在解决实际问题的过程中，注重同解决思想问题相结合，既办实事又讲道理，坚持管理与教育的结合，做到既关心人、帮助人，又教育人、引导人。

（二）在实施管理时要注意学生的情感因素，注意制度的刚性和管理的弹性

学生管理是做"人"的工作，人是有理性、有感情的。无论教育手段多么先进，也不能替代面对面的思想沟通；无论传媒手段多么发达，也不能替代人与人之间的感情交流。正是这种情感作用，才使得管理产生融洽和理想的效果，才能调动学生的积极性和主动性。要考虑每个学生的具体情况，采用学生最容易理解和接受的方式来实现管理。这样才能让学生乐于接受制度规范要求，主动地内化为自己的行为准则，从而形成良好的行为习惯和品质。

（三）要营造良好的管理氛围

良好的管理氛围不仅要求管理者对学生要真诚、尊重、理解、关怀和信任，同时更要求管理者时刻注重自身形象，把形象育人作为管理育人的重要方式。要建立全员育人的机制，形成全员育人、全程育人、全方位育人的格局。要创造丰富多彩的校园文化，校园文化具有丰富的内涵，对学生有潜移默化的教育和引导作用。通过校园文化活动使学生的业余生活更加丰富，能力得到锻炼，才干得到发挥，素质得到提高；使学生在浓厚的校园文化氛围中，身心愉悦，拓宽视野，获得全面、和谐的发展。

三、科学管理理念

科学管理理念是20世纪初在西方工业国家影响最大、推广最普遍的一种管理思想，其代表人物泰勒被称为"科学管理之父"。科学管理的实质在于将实践积累的管理经验加以标准化、系统化、科学化，用科学管理代替经验管理。科学管理的主体思想包括三方面，一是提高劳动生产率，这是科学管理的中心问题，是确定各种科学管理原理和方法的基础；二是在管理实践中建立各种明确的规定、条例、标准，使管理科学化、制度化，这是提高工作效能，甚至达到最高工作效率的关键；三是科学管理不仅在于具体的制度和方法，还在于重大的精神变革。大学生管理工作中的科学管理，特征是规范化、制度化和模式化，其价值核心在于提高学生管理的效率，强调建立完备的组织机构、详细的工作计划、严格的规章制度、明晰的职责分工、管理的程序化和采用物质激励以及纪律约束与强制。在这种管理方式下，大学生的学习模式、纪律制度、行为准则、运作程序都实现了规范化；信息传递、各项学习生活实现了程序化，最大限度地引导学生接受正确的价值取向，实现管理效能的最大化。

首先，要用科学完备的制度规范引导学生，尊重不等于放纵，没有规矩不成方圆。养成良好的行为习惯是学生成才的重要维度。为此要大力加强大学生管理的制度文化建设，建立科学、人性的大学生管理体制体系。

其次，要构建平等和谐的师生关系，在师生互动中实现管理的和谐。管理者不应是高高在上的发号施令者，而应是积极的引导者和平等的协商者。管理者要以学生为友，平等地与学生交流，尊重学生的个性，真诚地为学生提供学业指导、生活帮扶和心理辅导。管理者尤其是辅导员老师，要在管理过程中，创造性地展示自己的才华，在与学生交往、交流中实现自己的理想与人生价值，真正做到互为主体、教学相长。

再次，要建立一体化工作体制机制和运行模式。加强学生工作机构的建设，强化其组织协调功能，理顺学生管理系统各部门、各层次、各岗位的职责权限关系，使管理工作与教学工作、课堂内的管理与课堂外的管理、学院与机关、机关各职能部门以及各管理者之间坚持统一的标准、统一的声音，形成合力，互相促进。

四、依法管理理念

依法管理是依法治国方略在高校的具体体现。大学生管理中强调依法管理，是指大学生管理必须要以法律为依据，符合法律要求。也就是说，大学生管理过程中的决策、计划、组织和控制，都必须纳入法律轨道，不能违法违规。大学生管理坚持依法管理，是大学生管理自身的发展需求。一方面，管理对象发生了较大变化，大学生的维权意识显著增强。另一方面，管理工作面临诸多新情况、新问题。比如国家助学贷款违约、学生就业签约违约、在校学生结婚、学生意外伤害或死亡处理、学生心理问题及隐私保护等等。这些新情况、新问题对大学生的依法管理提出了迫切要求。

（一）要增强法律意识，加强法律知识学习

新中国成立以来，国家制定了《中华人民共和国教育法》《中华人民共和国高等教育法》《中华人民共和国教师法》等教育相关法律，国务院还颁布了《中华人民共和国学位条例》等法规、规章，基本形成了以《中华人民共和国教育法》为核心的教育法律法规体系。作为大学生管理者，不仅自身要认真学习这些法律条文，深刻理解，做到关键问题心中有数，疑难问题随时查询，同时，还要注意引导学生积极学习各种常用的教育法律、法规和规章，了解自己的合法权利、义务，增强依法维权和依法履行义务的意识，养成良好的学法、用法、守法的习惯，为学生适应社会、推动国家法治建设夯实基础。

（二）要以法律为准绳，依法制定适用于学校实际的内部具体规章制度

目前，大学生管理的一般性法律法规已经比较健全，但是不同类型、不同层次、不同地区的高校有着不同的学生管理具体实际，需要按照《普通高等学校学生管理规定》等法律法规，制定适合学校实际的内部具体规章制度。

（三）要严格遵守法律法规

要把对学生的规范管理与对学生合法权益的有效维护结合起来，既严格要求，又要充分尊重和平等对待。尤其是在处理违规违纪学生时，一定要做到事实清楚，证据确凿，正确恰当地使用法律法规，处理程序符合相关法律规定。做到不滥用职权、不越权、不以权谋私，公平公正。

第三节 大学生管理的过程

一、大学生管理过程的含义和构成要素

（一）大学生管理过程的含义

大学生管理过程，就是大学生管理工作者对影响和制约大学生发展和成长的各种因素及其相互关系及时做出相应调整，以实现整体目标的过程。大学生管理过程的实质，就是要把握组织环境、管理对象变化发展情况，并根据组织目标，适时调节管理活动，在动态的情况下做好管理工作。充分认识和掌握管理过程，对于做好大学生管理工作具有非常重要的意义。因为管理行为并不能直接达到管理的目的，管理行为是一种周而复始的动态运行过程，管理的目的是在这种管理过程中实现和完成的。充分认识和理解大学生管理过程，才能既从局部上理解管理行为的各部分内容，有助于做好大学生管理的各部分工作，又能从整体上理解由各部分内容结合而成的全部管理活动，有助于做好大学生管理的全部工作。

（二）大学生管理过程的构成要素

大学生管理过程的要素主要包括：管理者、管理对象、管理手段和职能、管理目标。管理者，即谁来管理；管理对象，亦即管理什么，包括人、财、物、时间、空间和信息等；管理手段和职能，即运用什么样的手段和方法、发挥什么样的功能和作用等，也就是如何管理的问题，包括运用行政方法、法律方法、经济方法和教育方法等基本管理方法，对管理对象进行预测、决策、计划、组织、指挥、协调、激励和控制等；管理目标，即朝着什么方向走，最终达到什么目标。这四个基本要素相互作用，缺一不可。

二、大学生管理过程的特点

大学生管理过程既具有一般管理过程的特征，如目的性、有序性、可控性等等，又具有区别于其他管理过程的显著特点。与其他管理过程相比较，大学生管理过程主要有以下三方面的特点。

（一）大学生的管理过程是一个大学生管理工作者与大学生双向互动的能动过程

大学生的管理工作是一种复杂的社会活动。社会的主体是人，人的活动构成了社会活动的基本内容。因此，在管理的过程中既要发挥管理者的主导作用，也要发挥被管理者的主体作用，并努力达到两者的统一。管理过程是管理者和被管理者之间相互影响、相互作用的一种双向互动的能动过程。作为管理者应该能动地认识和塑造被管理者，而作为被管理者则应该在管理者的启发和引导下，进行自我管理，并达到自我教育，从而实现接受管理和自我管理过程的有机结合，使被管理者将管理者所传授的思想观念和行为规范纳入自身的思想品德结构中，成为支配和控制自身思想和情感行为的内在力量，即"内化"，实现由"管"到"理"，由"他律"到"自律"的飞跃。

（二）大学生管理过程是有效利用学校的各种资源，为大学生成长成才提供指导和服务的过程

大学生管理过程有别于一般管理过程就在于它以培养大学生成才为根本目标，而要实现这一目标，就必须对学校的各种资源进行分析和管理，将人、财、物、时间、空间、信息等各种管理要素组织运转起来，以求有效利用这些资源，使之发挥最大的效益，为大学生的健康成长和成才提供行之有效的指导。

（三）大学生管理过程是与大学生教育过程紧密结合，保证教育目标顺利实现的过程

大学生管理工作者在对大学生实施管理的过程中应坚持管教结合，管中寓教、教中有管。当今的大学生不仅思想活跃，而且有很强的自主意识和自尊意识，这就对大学生管理工作者的管理水平提出了较高的要求。在管理的过程中，管理者必须寓情于理、寓意于行，不断提高管理水平，力争使管理的过程成为被管理者受启发、受教育和实现内化的过程，并且促使被管理者把已经形成的思想观念和行为准则转化为自己外在的行为，养成相应的行为习惯，即实现由"内化"到"外化"，由"自律"到"自为"的飞跃。

三、大学生管理过程的主要环节

大学生管理过程主要包括决策、计划、组织和控制四个环节。这四个环节既相互区别，又相互联系。

（一）大学生管理决策

大学生管理决策是指大学生管理工作者为了达到一定的目标，在掌握充分信息和对有关情况进行深刻分析的基础上，运用科学的方法，从两个以上的可行性方案中选择一个合理方案的分析判断过程。大学生管理决策过程包括研究现状，明确问题和目标，制定、比较和选择方案等阶段性的工作内容。

1. 研究现状

问题有待解决才需要决策，也就是说，决策方案是为了解决一定的问题而制定的。因此，制定决策方案，首先要分析问题是否已经存在，是何种性质的问题，这种问题是否已经对社会、对学校、对大学生自身以及未来发展产生了不利影响。分析大学生学习生活、能力培养、实践活动以及未来就业、创业等可能遇到的种种问题和面临的挑战，确定问题的性质，把问题作为决策的起点。当然，研究这些问题的主要人员应该是学校高层管理人员，这不仅是因为他们要对学校的发展负责、对学生的未来发展负责，而且由于他们在学校中所处的地位使他们能够通观全局、高屋建瓴，易于找出问题的关键所在。

2. 确立目标

在分析了大学生学习生活、能力培养、实践活动以及未来就业和创业等可能遇到的种种问题、面临的种种挑战或者说不协调之后，还要进一步研究针对问题所要采取的各种措施，应符合哪些要求，必须达到何种效果，也就是说，要明确决策的目标。这是因为确立决策目标具有以下作用。一是保证学校内部各种目标的一致性；二是为动员和分配学校的各种资源提供依据；三是形成一种普遍的思想状态或气氛，如促成一种井然有序的学习、生活秩序，形成积极投身社会实践的传统，培养一种开拓创新的良好氛围；四是帮助那些能够和学校目标保持一致的学生形成一个学习、实践活动和生活核心,同时为阻止那些不能与学校目标保持一致的学生进一步参与此类活动提供一种解释;五是促成把学校总目标和不同阶段目标转化为一种分工结构,包括在学校内部把任务分配到各个责任点上;六是用一种能够对组织各项活动的成本、时间和成效等参数加以确定和控制的方式,提供一份关于组织目的和把这种目的转化为分阶段目标的详细说明。

要确立目标,需做好以下几方面工作。一是提出目标。这一目标应该包括上限目标(理想目标)和下限目标(必须实现的目标);二是明确多元目标之间的相互关系。大学生管理目标是多重的,但是对于不同年级、不同专业的学生来说,其目标的相对重要性是不同的。在特定时期,决策只能选择其中一项作为主要目标。然而,多元目标之间的关系是既相互联系、又可能相互排斥的,如对毕业班的大学生来说,考研究生和考公务员以及其他求职之间就是这种既相互联系又相互排斥的关系。因此,在选择了主要目标后,还要明确它与非主要目标之间的关系,以避免在决策的实施过程中将主要精力和时间投放到非主要目标活动中去,避免"捡了芝麻,丢了西瓜";三是限定目标。目标的执行有可能给学校和大学生带来有利的结果,也可能带来不利的结果。限定目标就是要把目标执行的有利结果和不利结果加以权衡,规定不利结果在何种程度上是允许的,一旦超越这一程度则必须停止原计划,终止目标活动。一般说来,不论是何种目标,都必须符合三个基本特征:能够计量、规定期限和确定责任人。

3. 拟定决策方案

决策的关键在于选择,而要做出正确选择,就必须提供多种可供选择的方案。从实践来看,任何目标都可以通过多种不同的活动来实现,而不拟出几个实现它的决策方案的情况是很少的。因为对于主管人员而言,如果只有一种行事方法,那么这种方法很可能就是错误的。在此情况下,主管人员可能就不再努力去考虑其他能够使决策做得更好的方法。决策方案描述了学校为实现目标拟采取的各种对策的具体措施和主要步骤,因为目标的实现可以采取多种不同的活动,所以应该拟定出不同的行动方案。在拟定方案的过程中,第一,要确保有足够多的方案可供选择。为了使方案的选择有意义,不同方案必须相互区别而不能相互包容。假如某个方案的活动能够包含在另一个方案之中，那么这个方案就失去了存在的意义和价值；第二，形成初步方案。一般说来，任何一个方案的产生都应该建立在对环境的具体分析和发现问题的基础之上，然后根据问题的具体性质以及解决问题所要达到的目标，提出各种改进设想，并对诸设想进行分析、整理和归类，进而形成各种不同的初步方案；第三，形成一系列可行方案。在对各种初步方案进行遴选、补充的基础上，对遴选出来的方案做进一步完善，并对其实施结果进行预测，这样便会形成一系列不同的可行方案。

4. 比较与选择

要选择方案，首先要了解各种方案的优劣。为此，需要对不同方案加以评价和比较。这种评价和比较主要包括如下几方面：一是实施方案所需要的条件是否具备，具备这些条件需要付出何种成本；二是方案实施能够给学校和学生各自带来什么利益（包括长期利益和短期利益）；三是方案实施中可能遇到哪些问题，其导致活动失败的可能性有多大。根据上述评价和比较，便可以寻找出各种方案的差异，分析出各种方案的优劣。在此基础上进行的选择，不仅要确定能够产生综合优势的实施方案，而且要准备好环境发生变化时可以启用的备用方案。确定备用方案的目的是对可预测到的未来变化准备充分的必要措施和应急对策，避免在情况发生变化后因疲于应付而忙中有失，或因束手无策而承担这样或那样的损失。

（二）大学生管理计划

计划过程是决策的组织落实过程，决策一旦做出，计划就要紧紧跟上。计划是对决策目标的进一步展开和落实，离开了计划，决策便失去了意义。

大学生管理计划就是在决策既定目标的前提下，进一步根据实际情况，科学地、及时地提出和制定为达到一定的目标的未来行动方案。具体来说，就是通过将学校在一定时间内的活动任务分解给学生管理的每个部门、每个环节和每个人，从而不仅为这些部门、环节和个人的工作以及活动的检查与控制提供依据，并且为决策目标的实现提供组织保证。

大学生管理计划是一种协调过程，它给学生管理部门和学生管理工作者以及学生指明了方向。当所有有关人员了解了组织的目标和为达到目标必须做出的贡献时，他们便开始协调彼此的活动，互相合作、形成团队。而缺乏计划则会走许多弯路，从而使实现目标的过程无效率可言。大学生管理计划还可以促使学生管理部门和学生管理工作者展望未来、预见变化，以及制定适当的对策，同时减少不确定性、重叠性和浪费性的活动。大学生管理计划还能通过设立目标和标准以便于进行控制。在计划中必须要设立目标，而在控制职能中，人们又会将实际的绩效与目标进行比较，发现可能发生的重大偏差，采取必要的校正行动。可以说，没有计划，就没有控制。

1. 大学生管理计划的制定

一般来说，制定大学生管理计划可遵循以下程序。

收集资料，为计划的制定提供依据。计划是为决策的组织落实而制定的，了解决策者的选择，理解有关决策的特点和要求，分析决策制定的大环境和决策执行的条件要求，是制定行动计划的前提。由于计划安排的任务需要不同专业、不同年级的大学生利用一定的资源去完成，因此计划的制定者还应该收集反映不同专业和不同年级学生的活动能力以及外部有关资源供应情况的资料，从而为计划制定提供依据。

目标或任务分解。目标或任务分解是将决策确定的学校总体目标分解落实到各个部门、各个活动环节，将长期目标分解成各个阶段的分目标。通过分解，便可以确定学校的各个部分在未来各个时期的具体任务以及完成这些任务应达到的具体要求。分解的结果是形成学校的目标结构（包括目标的时间结构和空间结构）。目标结构描述了学校中较高层次的目标（总体目标和长期目标）与较低层次目标（部门、环节、个人目标与各阶段目标）相互间的指导（如总体目标对部门目标、长期目标对阶段目标）与保证（部门目标对整体目标或阶段目标对长期目标）关系。

目标结构分析。目标结构分析是研究较低层次目标对较高层次目标的保证能否落实，亦即分析学校在各个时期的具体目标是否能够实现，能否保证长期目标的达成；学校的各个部分的具体目标是否能够实现，能否保证整体目标的达成。如果处于较低层次的某个具体目标尚不能实现，那么就应该考虑能否采取一些补救措施，倘若做不到这一点，就应该考虑调整较高层次的目标要求，有时甚至要对整个决策进行重新修订。

综合平衡。一般而言，综合平衡工作应着眼于以下几点。一是分析由目标结构决定的或与目标结构对应的学校各部分在各时期的任务是否相互衔接和外调。具体来说，就是分析任务的时间平衡和空间平衡。时间平衡是要分析学校在各阶段的任务是否相互衔接，从而能否保证学校活动顺利进行；空间平衡则要研究学校的各个部分的任务是否保持相应的比例关系，从而能否保证学校的整体活动协调进行；二是研究学校活动的进行与资源供应的关系，分析学校能否在适当的时间筹集到适当品种和数量的资源，从而能否保证学校活动的连续性；三是分析不同环节在不同时间的任务与能力之间是否平衡，即研究学校的各个部分是否能够保证在任何时间都有足够的能力去完成规定的任务。由于学校的外部环境和活动条件会发生这样那样的变化，这样就可能导致任务需要调整，因此，在任务与能力平衡的同时，还应该留有一定余地，以保证这种可能产生的调整在必要时能够顺利进行。

制定并下达执行计划。在综合平衡的基础上，学校便可以为各个部门制定各个时段的行动计划（如，长期行动计划、年度行动计划、季度行动计划），并下达执行。

2. 大学生管理计划的执行

制定计划的目的在于执行计划，而计划的执行需依靠学生管理工作者和大学生的共同努力。因此，能否保质保量完成计划，在很大程度上取决于在计划执行过程中能否充分调动广大学生管理工作者和大学生的积极性。

3. 大学生管理计划的调整

计划在执行过程中，有时需要根据实际情况的变化进行调整。这不仅是因为计划活动所处的客观环境可能发生变化，而且可能因为人们对客观环境的主观认识有了这样那样的改变。为了使大学生的各种组织活动更加符合环境特点的要求，必须对计划进行适时的调整。而滚动计划就是为了保证计划在执行过程中能够根据情况变化适时修正和调整的一种现代计划方法。这种方法根据计划的执行情况和环境变化情况定期修订未来的计划，并逐期向前移动，使短期计划、中期计划有机结合起来。由于计划工作中很难准确地预测将来影响发展的各种变化因素，而随着计划的延长，这种不确定性就越来越大，如果一定要按几年以前的计划实施，可能会带来一些不必要的损失。采用滚动计划能够避免这种不确定性所带来的不良后果。滚动计划的基本做法是，制定好学校在一个时期的行动计划后，在执行过程中根据学校内外条件的变化定期地加以修改，使计划不断延伸，滚动向前。滚动计划方法主要应用于长期计划的制定和调整。这是因为，一般来说，长期计划面对的环境比较复杂，采用滚动计划可以根据环境变化和学校内部活动的实际进展情况适时进行调整，以便于学校始终有一个为各部门、各阶段活动做导向的长期计划。当然，这种计划方式也可以应用于短期计划工作，如年度和季度计划的制定和修订。

（三）大学生管理组织

大学生管理组织就是高校学生管理机构和学生工作管理者为了有效地实施既定的计划，通过建立管理机构，确定职位、职责和职权，协调相互联系，从而将组织内部各个要素联结成一个有机整体，使人、财、物、信息、时间、技术等资源得以最佳配置和利用。

大学生管理机构设置是否科学合理，组织工作是否有效，直接关系到大学生的成长和未来发展，关系着大学生管理目标的实现。要有效地实施大学生管理，一定要使大学生管理组织机构科学化、合理化，为此，就需要构建一套科学的大学生管理系统并使之有效发挥其职能。

1. 大学生管理机构及其职能

目前，各高校的学生管理工作已形成了比较一致的组织结构形式，具体表现为：学校党委和学校行政→校党委副书记和副校长→学生工作处和团委→院系党委和党总支副书记→学生工作辅导员→学生会。

学生工作处。学生工作处同时具有行政管理职能和思想政治教育职能，既负责学生的招生、就业、奖惩、生活指导、日常行为管理等行政管理工作，又负责新生入学教育、日常思想教育和毕业生就业思想教育，如此安排为管理和教育的有机结合提供了组织保障，有益于全校学生工作在学校党委宏观指导下有步骤有计划地进行，克服管理和教育脱节的"两张皮"现象。

团委。团委在大学生管理方面的主要职能是：在学校党委的领导下，全面负责大学生团组织的建设和管理；负责对学生会和学生社团的管理和指导；组织和指导学生的社会实践活动和志愿者活动等。

学生会。学生会具有比较完整的组织系统，包括校学生会、院（系）学生会以及各班级的班委会。学生会具有比较严密的管理系统，各部门、各成员之间既有分工也有合作，既相对独立，又是一个整体。要使大学生管理工作有效实施，必须完善、巩固和依靠学生会组织。对学生组织，学校上级管理部门除了给予必要的指导外，在财力上也要给予一定的支持。同时还应该给予他们一定的权力和地位，充分发挥他们的积极性和主观能动性。因为学生会组织的结构设置涉及广大学生的方方面面，代表的是广大学生的利益，所以如何使学生会组织真正起到学生与学校之间的桥梁作用，对有效实施大学生管理非常重要。

大学生自我管理委员会。目前，有一些高校开始尝试设置大学生自我管理委员会，它一般挂靠在校学生处或团委，通常下面设立生活保障部、宿舍管理部和作风纪律监察部等机构。生活保障部的主要任务是参与创建文明食堂的宣传和教育，其目的在于美化就餐环境，维护就餐秩序，对不文明行为进行纠正和制止，创建文明的生活环境。宿舍管理部主要是与学校宿舍管理办公室或物业管理部门共同对宿舍进行管理，以求为广大学生营造一个清洁、安静、舒适的学习和生活环境。作风纪律监察部的主要职责在于整治校园环境，可定时、定点或随时随地对学生发生的违纪行为进行监察，同时还承担着维护食堂秩序、学校巡视以及检查学生上课迟到、早退等方面的工作。

2. 大学生管理工作者的职务设计

著名管理学家哈罗德·孔茨说过："为了使人们能为实现目标而有效地工作，就必须设计和维持一种职务结构，这就是组织管理职能的目的。"为了提升大学生管理工作成效，各高校正在进行学生管理工作者的新的职务设计，力求实现学生管理工作者的"三化"——职业化、专业化和专家化。大学生管理工作是集理论性、知识性、实践性、时代性和时效性于一体的工作，它致力于大学生的成长和发展，应该成为一种专门的职业。学生管理工作者既应该是学生教育管理服务工作的多面手，又应该是学生就业指导、生活学习指导、成才指导、心理咨询、形势与政策教育等方面的专业人才，唯有如此才能满足学生管理工作的需要，提高管理成效。在实际工作中，不仅能应付日常事务，还要认真研究学生工作中出现的新问题，要像专家和学者那样,把学生管理工作当作一种事业去经营、去追求,掌握学生管理工作的规律和艺术,成为学生管理工作方面的专家学者。

3. 大学生管理队伍的人员配备

为了进一步提高高校学生管理的水平和成效,各高校应该根据教育部的要求和实际工作需要,科学合理地配备数量足够的学生管理工作队伍,在保证数量的基础上,专兼职相结合,不断优化结构。目前,各高校的学生管理工作基本上采取院系主要负责制,由院党委副书记、专职辅导员及兼职辅导员协同工作。此外,基于目前大学生就业形势的日益严峻,不少高校在大学生管理队伍中尝试配备职业指导人员,旨在为大学生成功就业提供指导和必要的帮助。

第四节 大学生管理的发展创新

一、当代大学生管理的新情况

(一) 管理环境的变化

1. 高校办学模式的变化增加了大学生管理环境的复杂性

一方面,随着高等教育规模不断扩大和高校后勤社会化的推进,部分高校由单一校区办学变成了多校区办学,校园封闭式变成了开放式,部分地区甚至形成了大学城,大学生出现了生活社区化和成长环境社会化的新问题。大学生的学习、生活、社交、实践、娱乐等活动都呈现出走出校园、走进社区和走向社会的新趋势。这使得学生群体管理由以前的建制式为主的群体管理向流动式群体管理转变,大学生安全管理也面临着前所未有的挑战,这使得大学生管理的难度有所增加;另一方面,随着高校学分制和弹性学制的实施推广与不断规范,学年制整齐划一的教学管理模式逐步被打破,学生班级观念逐步淡化,学生能自主选择专业、课堂、修业年限等,形成了以课程为纽带的多变的听课群,使不同专业甚至不同学校的学生在一起学习。学生管理的对象不仅局限于本专业学生,还包括因选修课程形成的其他专业或其他学校的学生,管理对象日趋复杂化。同时,以统一的教学计划为依据,以学习成绩为主要指标的学生评价体系失去了可操作性，以年级和班级作为学生评价基本单位的难度增大，这可能会导致原有学生激励机制失效。现行的以班级和党团组织为建制的大学生群体管理体制已不能适应这一新的变化，基层管理组织的作用受到削弱。

2. 学生就业、资助、心理等现实需求的强化，凸显了大学生管理环境变化的现实性

从就业管理来看，随着就业高峰的来临，就业难问题成为社会关注的焦点，也成为每个大学生最关心的现实问题。面对日益严峻的就业形势，学生的就业心态、诚信观念不同程度地出现了偏差，学生对学校提供的就业市场、咨询指导、职业生涯规划、就业服务等有较高的诉求，但这种诉求不是当前所有高校就业管理都能够满足的。这就使得高校学生就业管理工作需要根据学生的现实需求，不断进行调整与深化，切实为学生成功就业铺平道路。从资助管理来看，伴随我国经济的快速增长，人民的生活水平虽然有了较大提高，但目前在校大学生中经济困难学生的比例仍然较高，高校承载着不让任何一名学生因经济困难而辍学的任务。传统的资助管理只是对学生进行经济援助，使得部分经济困难学生出现了情感负担重、上进心缺失等问题。因此，新时期的学生资助管理工作不仅要满足学生物质需求，也要满足他们的精神需求。这使得学生资助管理工作的内容大大扩充，工作难度也不断增加。从学生心理健康发展来看，部分大学生不同程度地出现了一些心理问题，直接影响到大学生的健康成长和日常学习生活，心理咨询与调适越来越受到大学生们的认可。但由于社会环境的影响和大学生成长环境的差异，学生心理特点和心理问题也体现出较强的时代特征，新的心理问题不断出现，这就要求在学生管理过程中，密切关注学生的思想和行为，根据学生特点，切实有效地解决学生的心理问题。值得注意的是，目前不仅存在经济困难学生、就业困难学生和心理问题学生等单一类别，还不同程度地存在经济、就业、心理三方面困难复合而成"复困生"，这也使学生管理面临更多的矛盾，大大增加了学生管理工作的难度。

3. 互联网的发展增加了大学生管理环境的挑战性

随着信息技术的进步，特别是互联网的发展，社会生产生活方式发生了

相应的变化。一方面，网络已经成为大学生获取信息的主要来源，大学生既是网络信息的生产者，也是网络信息的消费者，海量信息对促进大学生更新知识、拓宽视野有着较大的促进作用，有效地激发了他们的学习兴趣、创新意识、竞争意识，形成新的文化意识和文化精神。另一方面，网络也给高校学生管理工作的有效开展带来了一定的负面影响。网络信息的开放性、快捷性、丰富性等特点，使得知识的权威性受到质疑。网络的虚拟性、隐蔽性使网络成为有害信息的滋生地和传播地。一些大学生出现了沉溺于网上虚拟世界不能自拔，难以明辨信息而上当受骗，甚至出现了网络犯罪等情况。对学生管理而言，网络是一把"双刃剑"，给学生管理工作带来了新的挑战，需要学生管理工作者具有网络化思维，在网络环境中加强对学生的正向管理，最大程度地消除网络对学生的负面影响。

（二）管理对象的新特点

从横向上看，不同学生群体由于理想追求、知识水平、生活背景、努力程度的不同，体现出了明显的差异性。从党员群体来看，他们是当代青年大学生中的优秀分子，代表着青年的发展方向，是大学生的标兵，是党与大学生联系最紧密的桥梁和纽带。他们理想信念坚定、政治意识强、政治认同高、价值观和人生观积极向上；热爱祖国和人民，关注国家大事，崇尚良好社会公德；富有正义感、集体荣誉感和团队精神，自主管理能力与帮助他人意识强。但部分学生党员也表现出党性修养不足、功利性明显等特点。从学习优秀学生群体来看，他们学习目标明确，有强烈的求知欲和探索精神；敢于坚持真理，敢于开展批评；珍惜时间，讲求效率；具有良好的学习习惯，能自觉地遵守学校纪律和公共秩序。但也有部分学习优秀的学生表现出了高高在上、脱离群体，参与集体活动少，集体荣誉感弱等特点。从后进生群体看，部分学生理想信念模糊，社会责任意识缺乏；价值观念扭曲，依赖心理严重；秩序意识淡薄，处事随心所欲。从经济困难学生群体看，表现出了多样化的特点。他们一般具有较强的上进心和艰苦奋斗的精神，自强不息，富有爱心，乐于助人。但部分学生过于敏感、精神负担较重，容易产生不同程度的心理问题。

从纵向上看，不同年级的大学生呈现出不同的特点。以本科生为例，从大一年级学生看,他们具有不同程度的考上大学后的自豪感和优越感,对未来大学生活充满期待,自尊心强但心理承受能力较弱,参加集体活动热情较高,期望尽快转变角色适应大学生活。部分学生也表现出对大学生活不适应、学习目标丧失、人际关系处理不当、消费管理经验与生活经验缺乏等特点。从大二年级学生看,他们学习目标逐渐明确,人生理想更加现实化和社会化,主动意识增强,学习意愿强烈,对自我的定位趋于理性。但也有部分学生开始受到情绪、人际交往、学习、生活、恋爱等的影响出现不同程度的心理问题。从大三年级看,他们人生目标更加现实,学生群体开始逐步分化为保研、考研、就业、出国等群体,且体现出不同特征。准备保研的学生学习更加努力、更加注意收集保研相关信息;准备考研的学生则呈现出"三点一线"式的规律性学习,参与集体活动意愿明显降低;准备就业的学生开始积极准备就业的"敲门砖",考取各种证书成为热潮,学生开始密切关注学校和本专业就业情况。从大四年级看,上半学期所有学生都处于紧张状态,准备保研的学生四处奔波,准备考研和就业的学生压力增大,他们都会不同程度地表现出焦虑、急躁等特征。下半学期,除尚未找到工作的学生外,其他学生的学习、生活开始呈现出散漫的状态,学生自由时间增加,社会兼职增多。毕业前夕更是表现出聚会多、安全隐患多等特点,毕业生离校教育管理的工作量大大增加。

二、大学生管理创新

(一)大学生管理创新的路径

1. 以学生为本,引导学生实现自我管理,推进大学生管理创新

没有管理的教育和没有教育的管理都是软弱无力的。教育离不开管理,管理是为了教育。这就是以人为本的大学管理工作的全新辩证法。正是因为大学生管理工作与人才培养的这种特殊关系,使得大学生管理创新的路径有别于一般管理工作,它客观上要求用全新的管理理念作为指导。理念是反映对象深层次本质和规律的观念。教育理念是关于教育基本问题的深层次本质和规律的观念,具有理想性、持续性、统合性和范式性的特点。新时代的大学生管理理念要契合社会主义核心价值观的价值尺度,追求以人为本的管

理。以人为本的实质就是尊重学生的发展特点和规律，尊重学生的人格个性，创建学生思想政治教育的良好环境，建构和谐的师生关系，培养素质全面、个性优长的创新人才；其关键是要正确发挥学生的主体性，尊重学生学习主体需求，使思想政治教育活动忠实于教育本身的内涵，根据不同的学生施以不同的教育，使学生的潜能得到充分的发挥，形成一种积极向上的内在的力量。开展大学生管理工作不是管理人、约束人、控制人，而是创造条件培养人，通过有效的培养发展人。在这种方式中，学生本身既是被管理者，又是管理者，学生在这种角色转换中大大提高了自我管理的积极性，特别是增强了学生的自我约束、自我控制能力，在学习知识的同时锻炼了自己，既学到了知识，又学会了做人，增强了学生的主体意识和责任感。

2. 运用网络实行信息化管理，推进大学生管理创新

在创新管理方式、方法和手段的过程中，要注重运用网络实行信息化管理，充分利用现代科学技术手段，针对不同时期大学生管理发展新情况和新趋势，开发管理平台，整合管理资源，实现网络化、数字化管理。通过网络实现信息化管理，能够使管理方式变封闭式管理为开放式管理，进一步加强了管理与思想政治教育的融合、与学分制等学校管理制度的配合、与社会管理的结合。同时，通过网络实现信息化管理，也是促使大学生管理变单一管理为综合管理，把管理与服务紧密结合起来，以服务促管理的有效途径。在管理方法创新方面，要充分发挥网络虚拟互动平台作用，实现师生有效互动，变说教为参与、变灌输为交流、变命令为引导，创造学生主动参与的全新工作局面。同时，在管理手段创新方面，当前最为重要的是通过网络信息化促进实行法制化的规范管理，建立合理的程序机制。

3. 加强管理队伍建设，推进大学生管理创新

随着新时期社会形势的变化，高校学生工作也发生了许多变化。学生工作的一些职能转化了，一些职能弱化了，一些职能需要强化了。学生工作由过去重管理向现在重教育、咨询、服务转化。心理健康教育、经济困难学生资助、助学贷款、就业指导等学生工作职能必须得到强化才能适应形势需要。同时，大学生群体的思想问题和实际问题也更加复杂化、多样化，这就需要管理工作队伍凭借智慧、知识和技能形成"专家化"的本领。因此，从

大学生管理工作的发展趋势来看，高校学生管理工作队伍必须走专业化道路。就当前大学生管理工作队伍而言，虽然在政治素养、敬业精神、个人品德上是合格的，但在驾驭、解决实际问题的能力和本领上还与现实要求有较大差距，在不同程度上存在着"本领恐慌"。一些管理工作者带着固有的陈旧观念和思维定势面对学生，不了解也不理解当代学生与以往迥然有别的内心世界和真实想法，甚至在语境上都难以与学生沟通，形成了代沟和隔膜。一些管理工作者虽充满热情，但缺乏相关的基本训练和专业知识，甚至在信息的获取和熟悉上还不及学生，难以对学生进行真正有效地指导。显而易见，"本领恐慌"状态下与学生产生的隔膜，解决不了学生面对的实际问难，也解决不了学生的思想问题。

（二）大学生管理创新的内容

1. 突出大学生管理中的育人功能

大学生管理不是单纯地为了管理而管理，而是为实现国家培养人才的目标服务的。从这个意义上讲，大学生管理的目的就是培养国家需要的德、智、体、美、劳全面发展的人才，管理的目的就是育人。因此，大学生管理创新的内容，应充分重视育人功能的发挥，突出以育人为目的和指向的管理内容。以育人为目的和指向的管理内容一方面应体现在大学生管理过程中的人、财、物等资源的配置，另一方面更应体现在对大学生进行教务管理、安全管理、行为管理、群体组织管理、就业管理、资助管理等学校各部门分属的管理中。只有在这些方面充分发挥管理中的育人功能，才能实现大学生管理的创新。这就需要在大学生管理中处理好管理与思想政治教育的关系，将大学生管理与思想政治教育有机地结合起来，自觉地遵循教育规律，重视发挥思想政治教育在树立大学生正确的世界观、人生观和价值观方面的作用，实现科学管理和有效管理。

2. 完善大学生管理中的规章制度

大学生管理创新只有成为基本的管理规章制度，长期坚持，不断完善，才能推动管理工作不断登上新台阶。大学生管理工作要创新，必须以科学高效的工作规章制度作为基础性的客观保证。在规章制度建设方面，除了国家制度层面的保障外，高校自身也必须努力创新学生管理工作制度，真正在学生管理工作领域形成一套宽容有序、落实有力、鼓励创新的工作制度，为学生管理工作走上创新之路提供可靠的保证。这不但是一个为完善规章制度而进行制度设置的问题，而且更是一个在严格执行现有制度的基础上，在大学生日常管理工作经验不断积累和实践不断丰富过程中的完善和创新。因此，大学生管理要牢固树立依法治校、依法治教的法治观念，通过正当程序控制学生管理过程，规范权力运行程序，彻底避免学生管理运行的无序性、偶然性和随意性，保证管理行为的合法性和高效性。

3. 健全大学生管理中的服务体系

大学生管理的对象是青年大学生群体，不仅涉及大学生的生活、学习，而且涉及大学生社会实践和求职就业等方面。大学生活动的范围、领域、内容、目的都随着时代的发展和要求而不断地呈现出新的发展和变化，影响大学生的各种因素也变得相对复杂。这就要求大学生管理不能仅仅是管理者的管理、单纯的事务性的管理，还应该是作为被管理者的青年大学生主动参与的管理、全方位服务性的管理。因此，大学生管理要强化和健全管理运行中的服务体系，积极健全管理中的服务软件和硬件体系。一方面，进一步解放思想，深化对管理的认识，树立服务意识和服务观念，在大学生管理中不断提升服务水平，营造管理育人、教书育人、服务育人的各部门齐抓共管的良好局面。另一方面，要加大投入和研发力度，充分利用网络信息技术平台，实现网络化、信息化、一体化的教务、安全、就业等服务平台，引导大学生主动参与到管理中来，最终实现自我教育、自我管理和自我服务。

第二章　高校教学管理

第一节　教学管理概述

一、高校教学关系

(一) 高校教学

教学在教育学中，是最基本的概念之一，它是一个看似简单，实际相当复杂的概念和术语。教学是教师传授和学生学习的共同活动，是学校实现教育目标的基本途径。通过这种师生双边活动，可以使学生在德、智、体、美、劳等多方面都得到发展。

高校教学是教学的下位概念。与普通中小学相比，高校的教学过程具有专业性、探索性和实践性等基本特点。

首先，高校教学过程具有鲜明的专业方向性。高校教学过程是实现人才专业化的一种过程。从国际视野看，无论哪一层次的高等教育，其课程计划都是围绕培养人才而设计的，教学过程和管理都围绕专门人才的需求来完成，以便他们离开高校后经过或长或短的职业适应期就能承担某种专业性的工作。

其次，高校教学过程具有较强的实践性。在这方面，无论学术型还是职业型的高等教育，其面临的任务都是相同的。一般来说，中小学教学过程的实践是为了便于教学而设计、简化了的实践，其目的在于传授前人发现的知识或验证已知。而高校教学过程中的实践是接近于真实环境或者就是在实际工作场所完成的教学实践，具有很强的专业方向性，其目的除了验证已知和传授知识外，还承担着证明学生本人的设想、获取直接经验、培养学生专业实践能力的重任。

总而言之，高校教学是比普通中小学教学更为复杂的一种实践活动。它不仅表现在课堂教学上，而且体现在自学、科研和社会实践等多个环节中。

(二) 教学管理与高校教学管理

第一种观点认为，教学管理是学校管理者遵循管理规律和教学规律，科学地组织、协调和使用教学系统内部的人力、物力、财力、时间、信息等因素，确保教学工作有序、高效运转的决策和实施。

第二种观点认为，教学管理是学校管理者根据教育方针、教学计划、教学大纲的要求，根据教学工作的规律，运用现代科学管理的理论、方法和原则，通过计划、组织、检查、总结等管理环节，对教学的各个方面、各个要素、各个环节进行合理组合，推动教学工作正常地、高效率地运转。

(三) 高校教学管理制度

本书把高校教学管理制度理解为高校教学管理系统中规范和协调人与人之间关系的规则（或规则体系），主要关注教学管理者与被管理者之间关系的协调。即不把高校教学管理制度仅仅看作教学管理的系统或体制，也不把它仅仅看作教学管理活动的行为规范，而将它视为高校教学管理制度和各种操作性规章制度的总和。

更具体地讲，大学教学管理制度是实施大学教学与教学管理活动的基本程序与规则，是调节大学教学管理者与大学生、大学教学管理者与教师、大学教师与大学生、上级管理者与下级管理者之间关系的机制，是高等教育和高等教育管理思想、观念和理论向高校教学管理实践转化的中介，也是高校教学与教学管理改革成果的固化和外显形式。

二、高校教学管理制度的主体和客体

管理过程是在一定实践活动的基础上，管理者与被管理者之间相互作用的过程。高校教学管理系统中的管理者和被管理者是相互联系又相互制约的。

(一) 两种不同的管理主体观和管理客体观

一切管理活动中的管理主体（管理者）与管理客体（被管理者）是对立统一的关系，所谓管理主体（管理者）是指具有一定管理能力并从事管理活动的人。在管理活动中，作为管理主体的人（管理者）和作为管理客体的人（被管理者）是相互关联而存在的。二者互为前提，互相规定，离开一方，另一方不能孤立地存在。

学校管理活动应当实行主体管理，这是由现代社会管理、现代教育和学校组织特点等因素决定的。

（二）不同管理观支配下的高校教学管理制度

高校教学管理是按照一定的管理原则、程序和方法，对教学过程中的人、财、物、时间、信息等资源进行调配，通过建立相对稳定的教学秩序，调动广大教师和学生的积极性，从而实现教学工作的目标，保证并提高教学质量和效率的活动。不同的管理主体观和客体观支配不同的高校教学管理制度。

首先，不同的管理主体观和客体观支配下的高校教学管理体制安排呈现不同的特点。如果按照客体管理观来安排教学管理体制，高校就会选择集权管理模式，就可能出现教学的规划、决策、资源分配等权力较多地集中于校部，而院系在教学管理上处于从属和被动的状况。如果按照主体管理观来安排教学管理体制，高校可能会选择分权管理模式，就可能出现校部与院系分工负责、上下协调一致，院系教学管理活力大大增强的状况。我国高校内部的教学管理体制是在《中华人民共和国高等教育法》（以下简称《高等教育法》）以及国家高等教育管理的相关法规、政策下，由高校党委等领导机构组织确定的，它与高校内部管理体制改革紧密联系。不同管理主体观和客体观支配下的教学管理体制，对高校教学管理工作的影响是不一样的。

其次，不同的管理主体观和客体观支配下的高校教学管理规章制度设计也呈现不同的特点。如果按照客体管理观来设计教学管理规章制度，教学管理者就会成为制度的制定者、执行者、监督者，教师和大学生就会被看成纯粹的制度"受体"——制度施威的对象。这种情况下，制度只求体现管理者的意志，而较少考虑（或者基本不考虑）被管理者的愿望，而且，教学管理目标与教学目标可能会出现冲突。如果按照主体管理观来设计教学管理规章制度，教学管理者就会成为制度形式上的制定者（起草人）、执行者和监督者，广大教师和学生充分参与到制度的制定、修改、执行和监督中来。这种情况下，制度既体现管理者的意志，也体现被管理者的愿望，充分体现管理者与被管理者在人格和契约上的平等，而且，教学管理目标与教学目标容易形成协调一致。

教学管理是高校内部管理的重要组成部分。作为一种管理活动，它具有一般管理的基本属性，高校教学管理制度的设计应当遵循管理活动的基本规律和现代管理科学的基本原理。但是，高校教学管理系统具有自身的特殊性，它不仅区别于企业管理、政府管理以及其他事业性管理，而且有别于中小学的教学管理和高校内部的其他事务的管理。其特殊性主要源于高校组织的性质和特点，以及制度作用的主要对象——教师和学生的性质与特点。

现代高校的教学管理应当提倡主体管理，应当秉承主体管理的理念，进行教学管理制度的建设和改革。

三、高校教学管理体制下的集权与分权

集权与分权是管理活动中的一对重要矛盾。就高校教学管理而言，集权与分权的矛盾是处理学校（上级管理者）与院系（下级管理者）之间关系的一对基本矛盾。主要是如何合理划分校部（包括教务处等）与院系在教学管理上的职责与权限，从而既发挥学校层面在本科教学管理上的统筹、规划、协调、指导等职能，又充分保障院系在本科教学管理上的自主权，不断增强中、基层教学管理的活力，提高高校教学管理的效率。

（一）集权与分权的一般理论

管理可以分为宏观管理、中观管理和微观管理三个层次。每一个管理层次都有自己特殊的任务和职能。这就涉及管理活动中的一个核心问题——权力的分配问题，即集权和分权的问题。

1. 集权

集权有广义与狭义之分。广义的集权是指把政治权力集中于中央的制度。狭义的集权是指管理活动中的集中统一指挥。集权在管理活动中的作用既有积极的一面，也有消极的一面。集权是进行集中领导、统一管理、统一指挥的主要手段。集权常常表现为效率高、标准一致，有利于统筹全局、贯彻指令。但是集权超越一定的限度就会出现一些不良的现象：权力过分集中，就会导致管理的僵化和凝固，顾及不到各方面的矛盾特殊性，影响下级

人员自主性、积极性的有效发挥；权力过分集中，下级管理人员无权处理自己职责范围内的矛盾，容易促使矛盾上交，增加问题的复杂性；权力过分集中，会缩小管理幅度，增加管理的层级，而管理层级的增加又会影响信息的直接传递，降低管理效率。

2. 分权

分权即分散权力，是指上层部门将某些问题的决策权移交给下级部门，分权与集权一样，在管理工作中也有利有弊。分权的有利方面体现在：分权可以减少上级管理人员的工作负担，从而使其有更多的时间和精力去思考重大决策问题；分权使下级管理组织拥有自己管辖范围的职权，能够激发其管理热情，发挥其创造性和聪明才智，调动其积极性，提高工作效率；分权可以弥补领导者自身的弱点和缺点，打破领导者个人知识和技术、精力和能力等方面的限制，可以利用他人的专长，以起到互补的作用。

3. 集权与分权的应用

一般来说，集权和分权的程度取决于组织的规模、决策指挥中心的控制能力以及管理者等多种因素。首先，集权与分权的范围取决于组织发展规模，当组织规模较小时，权力可以相对集中，采用集权管理；而当组织规模较大时，则要求权力适当分散，采取分权管理。其次，集权和分权的范围取决于有关权力与全局工作的相关程度，凡与全局工作密切相关的重要权力，应当集中在组织的最高领导层，以保证组织能协调一致地完成总目标；凡不影响组织活动全局的应该下放的权力，就应该坚决分权，以减轻组织最高领导层的工作负担和压力，使其集中精力抓好大事。同时，这也有利于更好地发挥基层管理人员的作用和提高工作效率。

（二）学术管理要求体现分权的理念

集权与分权天生就是一对矛盾，它们各有其长处和不足，不能简单地说哪种方式好、哪种方式不好，应当依据组织的性质、规模、上级和下级等因素来确定。

首先，高校组织的性质和特点要求分权管理。从表面上看，高校是由各个职能部门以及院、系、研究所组成的统一结构体系，其层次清晰，功能明确，管理有序。组织管理中参与者的流动性强；组织决策过程模糊；组织决策无计划性；强调分权优势。在"松散的结合系统""有组织的无序状态"的基础上，伯顿·克拉克进一步分析了高校的性质和特征，他指出：高校本质上是一个围绕学科和行政单位组织的矩阵型组织，高校组织的特点包括这些主要方面——知识是学术系统中人们赖以开展工作的基本材料；教学和研究是制作和操作这种材料的基本活动；这些任务分成许多相互紧密联系但独立自主的专业；这种任务的划分促使形成一种坡度平坦、联系松散的工作单位机构；这种机构促使控制权分散；等等。上述有关高校组织的性质和特征说明，高校组织的管理运作与政府和企业等组织的运作原理有很大不同。作为一种学术管理组织，高校本科教学管理适宜采用分权模式。

其次，高校教学决策的成本特点要求实行分权管理。高校教学管理的学术性决定了其在决策成本上的两个相互联系的特点：第一，高校教学决策的信息成本相对较高。高校的社会职能主要是通过教学和科研活动来实现的，而教学和科研具有很强的学术专业性。高校教学管理决策的信息成本比较高，在学科门类较多、规模较大的高校尤其如此。第二，高校教学决策的目标成本相对较低。高校是一种强调学术性的非功利性的组织，这就决定了高校与企业严密的科层制和营利性存在本质的区别，实行教学决策分权后，高校一般不会由于学术管理的目标不一致而产生较大的决策成本。

第二节　教学管理要体现自由理念

控制与自由的矛盾集中反映了高校教学管理制度中管理者与教师、管理者与学生之间的关系。

一、控制与自由的一般理论

控制与自由也是管理中的一对基本矛盾。控制的理念来源于古典管理理论——科学管理法。按照"科学管理之父"——泰勒的管理思想，管理的中心问题是提高劳动效率，而提高劳动效率的手段是用科学的管理代替传统的管理。在管理实践中，要通过建立各种明确的规定、条例、标准，使管理科学化、制度化。泰勒主张在劳资之间实行职能分工，由经营者承担"计划"

（管理）职能，由工人担当"执行"（作业）职能。泰勒的科学管理思想是以重视经济动机的"经济人"假设为前提的。科学管理理论侧重研究物的或事实的方面，而不注重人的或价值的方面；强调管理法规的约束功能，不注意研究人的行为；着重解决如何提高效率的问题，不注意研究管理措施与整个社会的关系。因此，有人将它称为"人机关系技术论"。控制理念下的管理必然是一种刚性管理。

管理上的自由理念则来源于现代管理科学的相关理论。现代管理科学突破了传统管理理论所谓"经济人""社会人"等人性假设，重视人的自主性和自我实现的需要，把人更多地看作"自我实现的人""复杂人"。其中，人本管理、柔性管理、模糊管理等理论是这类现代管理理论的突出代表。

人本管理有两层基本含义。一是以"人"为中心的管理，确立人在管理中的主导地位，把人作为管理的主体。管理的根本任务是调动人的主动性、积极性、创造性，最大限度地挖掘人的潜能。二是要把"人"当"人"去看待，以谋求人的全面与自由发展为终极目标，努力为满足人的自我实现需要创造条件和机会。在人本管理中，个人的潜能得到激发，组织也因此达到最大的绩效标准，即组织的成长与个体的发展实现了协调统一。人本管理落实到管理活动中，就是坚持以人为本的原则，从一个完整、科学的意义上去理解人，即管理者不仅要关心人、激励人，而且要注意开发人的潜能，促进被管理者人性的丰富和完善，促进人的全面发展。换言之，使人成为现代管理的出发点和归宿。

柔性管理理论提出，现代管理除具有古典管理学家提出的计划、组织、指挥、控制、协调等基本职能外，还具有教育、协调、激励、互补等职能。马克思曾经指出："发展一切生产力，即物质生产力和精神生产力。"这里的"精神生产力"来源于受激励状态下的人，来源于柔性管理的特定职能。毛泽东也曾告诫人们："世间一切事物中，人是第一个可宝贵的。"

模糊管理也是支撑自由理念的又一个重要理论依据。英国莱斯特大学教育管理教授托尼·布什在《当代西方教育管理模式》一书中，根据管理的性质和作用，把各种管理模式分为六大类。其中，模糊模式包括所有强调组织中的无法预测性和易变性的理论。根据这种理论，组织的目标都是不确定的，按目标的次序来开展工作是困难的；学校组织系统内各部分之间的联系都是松散的;决策往往是在参与者不确定的状态下做出的;模糊性是学校这样的组织的普遍特点。这种模式认为,以往关于决策的选择理论过低地估计了进行决策的混乱性和复杂性。以下是模糊模式的几个主要特征:第一,组织的结构不确定。在教育组织中,组织各部分权力和责任是互相重叠的,权力的范围是不清楚的。组织结构越是复杂,潜在的模糊性就越大。正规组织结构的模型掩盖了这种模糊性的存在;第二,模糊性的一个重要来源是组织所处环境的信号释放。现在教育机构的生存与发展越来越依赖于外部的环境。开放宽松的教育模式方便家长对学校施加更多的影响和压力;第三,组织的决策通常是一种无计划的决策。模糊模式认为,正规模式中按计划、有步骤地进行决策的过程,在实际工作中几乎不存在。问题、解决问题的方案以及参与解决问题这三方面因素,在相互影响、相互作用等无序状态下产生出最终的决策方案。

二、教学管理要求体现自由的理念

教学管理中的自由理念,与现代管理理论的柔性管理、模糊管理等理论是一致的。

首先,学习自由是大学生自由发展的前提条件。按照古希腊哲学家的观点,个人只有在自己"自主"时才是真正"自由的"或充分"发展的"。高校教育过程的真正主人原本就是大学生自己,学校和教师只不过是学生成长与进步的服务者和"助跑器"而已。高校教学管理者必须树立"一切为了学生"的指导思想,通过调动学生内在的积极性和创造性,促进其生动活泼地发展,不能寄希望于刚性的管理制度来"强迫"学生发展。

学习自由是发展大学生个性和创造性的基石。自由、个性、创造三者之间是紧密联系的,它们组成一个自由创造的生态链条。

其次,教学自由是教师专业发展的基本保障。对大学教师教学工作的管理,固然需要相关的管理制度来规范,但更需要依靠广大教师的自觉和自律。要保障大学教师的专业自主权,赋予其在教学上的自由。

三、高校教学管理制度中控制与自由的协调

良好的管理应当"既有纪律,又有自由,既有统一意志,又有个人心情

舒畅"。这里包含两重含义：一是要有能够集中反映组织成员利益和意愿的恰当的组织目标和组织规范，使组织规范尽可能成为每一个成员的自觉行为；二是既要有严明的组织管理，以保证组织目标的实现，又要恰当把握约束的尺度，尊重组织成员个人的自由，从而更好地调动每位成员的积极性。

首先，大学教学管理目标需要基本的规范来实现。管理制度是组织存在和有序活动的保证。无规矩不成方圆，高校作为一种规范型的组织，为了保证教学最基本的秩序，为了提高教学管理的效率，为了实现教学管理的基本目标，建立相应的管理制度是实施教学管理不可缺少的要素。因此，大学教学管理活动必须建立在一定的管理规范约束基础上，不是盲目地、随意地管理，不是在管理过程中放任自流，任何人（包括教师和学生乃至管理者本身）都应当自觉遵守教学管理制度，自觉维护教学管理制度的权威性。然而，不管什么形式的管理制度，它生来就具有约束其成员行为的属性，即任何组织成员都会受到内部某种制度（含风俗习惯）的约束；而自由又是人们按照自己的意愿行动的权利。管理制度对组织成员的行为的强制约束作用，也就是对组织成员的行为自由的限制作用。

其次，高校教学管理制度需要具有一定的弹性。高校教学管理系统需要一定的管理制度，但是，高校教学管理的性质和特点决定了高校教学管理制度必须富有弹性，必须具有一定的灵活性。现代高校教学管理制度的建设也要坚持这样一种价值取向，即注重"柔性"教学管理规范的设计和建设。即使是"刚性"的管理规章制度，也要处理好提高教学管理效率与对师生的理解、尊重、信任和关心之间的关系，以形成一种能够充分激发师生"教与学"积极性的组织规范体系。

总之，大学本科教学管理制度的建设，既要体现学校的意志和利益，又要保障师生的自由和利益，要在教学活动的控制与自主、约束与自由之间保持适当的张力，努力营造开放、自由、协调、宽松的高校教学管理制度环境。

第三节 教学管理要体现服务理念

管理与服务是现代管理的又一对基本矛盾。大学本科教学管理制度中的管理与服务，集中反映了大学教学管理中管理者与教师、管理者与学生之间的矛盾。

一、管理与服务的一般理论

"管理即服务"的命题来源于人本管理理论。人本管理理论是20世纪80年代以来，西方管理学科发展的主要潮流和趋势。理论界关于人本管理的内涵和外延尚有争议。有位学者在总结各家观点的基础上，给"人本管理"下了如下的定义：一种把"人"作为管理活动的核心和组织最重要的资源，把组织全体成员作为管理的主体，围绕着如何充分利用和开发组织的人力资源，服务于组织内外的利益相关者，从而同时实现组织目标和组织成员个人目标的管理理论和管理实践活动的总称。

二、学校管理要求体现服务的理念

人本管理理论为分析现代学校管理提供了有力的依据，为建设柔性的高校教学管理制度提供了理论支持。现代学校管理要体现服务的理念，学校管理中的服务至少有两层含义：一是建立有效的教育教学支持服务系统，满足教书育人活动的需要；二是转变计划体制下高等教育"卖方市场"的思维模式，把学生当作大学教育的"消费者""顾客"来对待，实现学校管理机制的创新。

首先，大学教师管理的特点要求体现服务理念。大学教师在本质上超越了被理性主义视为可以通过制度和利益机制进行诱导和控制的"经济人"的范畴，也不只停留在行为学派所认为的追求友情、安全感、归属感、尊重等社会和心理需要的"社会人"的阶段，而推进到了以追求价值观、信仰和自我实现为中心的"文化人"的阶段。因此，高校教学管理应当重视教师的这些特点，树立"以教师为本"的思想，在教学管理制度中体现为教师服务的理念。

其次，大学生身份的转变要求体现服务理念。在计划经济体制下，高等教育完全是一个"卖方市场"。卖方市场是以卖方（学校）为主体、以卖方为主导力量的市场，买方（学习者）别无选择。在卖方市场条件下，高等教育的运行机制是"以教定学"，即大学提供什么样的教育，学生就接受什么样的教育。随着我国经济体制的转轨以及信息社会的到来，高等教育正在由

"卖方市场"变成"买方市场"。买方市场是以买方为主体、以买方为主导力量的市场。在买方市场条件下，高等教育的运行机制是"以学择教"，即大学生需要什么样的教育，大学就设法提供什么样的教育。

三、高校教学管理制度中管理与服务的协调

按照现代管理的要求，高校教学管理既要体现管理活动的自然属性——组织、指挥、协调与控制，又要充分体现对教学活动的支持服务。对教学管理者而言，大学本科教学管理制度要体现管理活动的服务性要求。

第四节 高校教学资源管理信息化

一、教育信息化的概念及内容

（一）教育信息化的概念

教育信息化是将信息作为教育系统的一种基本构成要素，并在教育的各个领域广泛地利用信息技术，促进教育现代化的过程。简单地说，教育信息化是指在教育领域利用信息技术，对教育内容（信息）进行分析处理、加工改造、组织传播、共享使用，以实现教育现代化的过程。教育信息化是国家信息化的重要组成部分，对于转变教育思想和观念，深化教育改革，提高教育质量和效益，培养创新人才具有深远意义，是实现教育跨越式发展的必然选择，教育信息化的全面实施必然会形成一种全新的教育形态——信息化教育。

（二）教育信息化的内容

教育信息化的核心是教学信息化，只有构成教学的基本要素——人（教师和学生）、教学过程、教学条件等实现了信息化，才能完成教育现代化的进程，才能使教育信息化全面完成。

1. 教育环境的信息化

完备的教育信息化环境是实现教育信息化的外部条件和基础。为了实现教育信息化，应该建立一定的信息化环境，它包括对教育信息进行各种有意义操作的硬件环境和软件环境。例如，现代远程教育项目、西部大学校园计

算机网络建设工程。又如各学校建设的校园网、计算机教室、多媒体教室等。这些工程、项目的建立及其相应软件的开发是教育信息化的重要内容，它为我们在教育系统中广泛地应用信息技术提供了一定的条件和基础。没有一定的信息化环境，是不可能实现教育信息化的。

2. 教师与学生的信息化

在教育信息化的过程中，各种信息设备的使用，对教育系统中各种信息的操作都是通过教师和学生完成的。教师与学生的信息化在教育信息化中占据着重要的位置，教师与学生的信息化是指教师与学生应具备一定的信息素养，应基于一定的信息环境，利用一定的信息技术解决生活、工作和学习中的问题。教师与学生的信息化对教育信息化是至关重要的。没有教师与学生的信息化是不能实现教育信息化的。

为了培养学生的信息素养，应该在学校中广泛地开展信息技术教育。信息技术教育是以培养学生的信息素养为基本目标的素质教育。

《教育部关于全面推进教师管理信息化的意见》中要求"创新教师管理方式方法，积极整合利用信息技术手段，全面推进教师管理信息化，提升教师管理的效率与水平"。培养教师与学生的信息素养，实现教师与学生的信息技术掌握是实现教育信息化的关键。

3. 教育过程的信息化

教育过程的信息化是指在教育过程中广泛地使用信息技术，用以完善教育过程，实现面向信息社会创新型人才的培养。在教育信息化的过程中，多种教育信息化的环境，应通过具有一定信息素养的教师和学生，将信息化用于教育、教学的实践过程，实现教育过程的信息化。

教育过程的信息化是教育环境信息化、教师与学生信息化的落脚点。教育环境的信息化，教师与学生的信息化，最终应实现教育过程的信息化，即以各门学科教学的信息化实现面向信息社会创新型人才的培养，这是教育信息化的根本目标。

二、我国高校信息化建设发展现状

目前，大多数高校都已基本完成了数字化校园建设阶段的基础设施。其中，厦门大学、复旦大学、浙江大学等已经将智慧校园建设付诸实践，智慧校园的"智慧"主要表现在智慧环境、智慧管理、智慧教学、智慧学习、智慧科研、智慧生活等方面，典型智慧应用正在逐步展开，如考勤、手机开门、水电自动监控、消费、借书等。当前，我国高校的智慧化程度还有待进一步提高，智慧校园未来发展的关键是"智慧"表现在哪些方面，如何建设个性化、智慧化、实用性、令用户满意的美好校园。

（一）信息化应用已经渗入学校主流业务

目前，我国高校信息化应用系统已经涵盖到教学、科研、管理、服务等学校主要业务上，各种应用系统建设此起彼伏，不断更新换代。这些应用系统以业务部门横向的业务为主，包括教务管理系统、科研管理系统、财务管理系统等。随着各个应用系统的建设发展，出现了资源整合、业务融合的趋势，这将有助于未来体现融合意志的统一身份认证、数据共享平台、信息门户等相关系统逐渐走进高校信息化舞台中心。高校信息系统的发展有两个方向，一是建设统一的数据管理平台并制定完善的数据安全管理制度，二是建设统一的数据交换平台以加强信息系统之间的数据交换，化解"信息孤岛"问题。

（二）数据共享与交换是高校信息化系统整合与应用提升的关键

各高校在信息化建设工作实际实施过程中仍会因各种现实原因，例如，建设经费以项目形式分批下拨，造成数字化校园的建设或多或少凸显出"信息孤岛"问题，即学校各业务系统在功能上不做关联、数据上不做共享。系统功能由实际使用者决定，造成业务系统只关注某一个业务环节或管理功能，信息整合程度不足，各个系统独立运行，且随着校园网络化、信息化不断发展，"信息孤岛"问题给高校信息化建设带来的负面影响愈加严重，主要体现在以下几个方面。

一是校内信息缺乏有效共享。"信息孤岛"问题始于高校开展信息化建设之初未考虑构建统一数据平台，造成后期系统共联愈发困难，各个系统独立运行，校内数据格式缺乏统一规划，数据交换难度大，系统、功能模块不断重复建设。以学生信息为例，教务系统、招生系统、后勤管理系统、学生管理系统、一卡通系统等都需要对学生信息进行保存，且随着学生学业信息变动，如转专业、休学、退学等，各个业务系统就需要各自维护学生信息统一变化，极易造成数据不一致，从而对学校的管理造成更大的麻烦。

二是数据资产深入挖掘受到制约。由于各个业务系统对数据的管理需求不同，造成学校内部公共信息（如学生信息、教工信息、资产信息等）不一致问题，使得学校无法积累有效数据，从而对进一步的数据挖掘、数据分析造成困难。

三是业务系统无法有效集成。由于各个业务系统缺乏统一的集成设计、数据设计，造成各个业务系统具有独立的登录接口、登录界面甚至是独立的用户名和密码，对教工和学生而言用户体验差，人性化程度低。

四是系统维护成本过高。由于各业务系统采用独立维护的方式，当公用信息发生变化时，学校为了维护数据的一致性，需要管理员在涉及的相关系统中人工更新相应信息，这样就增加了维护各业务系统的工作量以及维护成本，作为校园信息化的整体效率自然会下降。

数据共享的建设是信息化工作发展到一定阶段的需要，数据共享环境的好坏，直接影响在此基础上建立的教学、科研、管理等方面的信息化工作。

（三）信息门户系统已成为高校信息化系统的"集成器"

上述问题使得当时的高校信息化建设缺乏整体规划与设计，各部门业务系统多分散独立，采用的开发软件不一致、数据标准不统一，在全校范围内形成一个个"信息孤岛"和"应用孤岛"，难以实现信息共享、业务联动以及部门之间的协同工作，制约了高校管理信息化的进一步发展。

一些高校为解决"信息孤岛"问题展开探索，并积累了如下具有可操作性的建设经验。

一是顶层设计、分步实施。基于整体规划校园信息化的中长期建设目标，逐层分解；制定可行的分步实施方案，逐步完善；以教学科研为核心，突出使用价值。二是以信息标准为先导，支撑平台集中。在遵循相关国家标准的基础上建立全校范围的信息标准，保障可持续发展。三是软硬件环境集中建设，统一集中管理。建设数据机房、虚拟化软件环境，可在加速信息化建设的进度和水平的同时实现资源共建共享，大幅提高投资效益。四是长期运维保障，体现使用价值。长期运维保障可以有效提高信息化的服务能力和服务水平，延长软件系统的生命周期，最终体现信息化应用系统的使用价值，而学校的信息技术组织架构、人力编制、技术水平、合作模式、持续投入都是长期运维保障的必要条件。

通过以上经验方法，大部分高校开始建立统一门户，逐渐实现各系统之间在数据层、业务层、表示层的整合，实现了一定程度的工作协同。高校信息门户是面向教师、学生、员工和校友的大型网站，现阶段门户技术包括统一身份认证、集成服务、安全访问控制和授权管理等，实现了应用集成和信息集成，可进行内容管理和知识管理，为各类用户提供业务操作的统一入口。

（四）基本管理信息系统已具备，应用系统发展不均衡

高校各职能部门的管理信息系统通常是最先得到建设的，财务系统、人事系统、学籍管理系统、教务系统在各大高校均已运作起来，但相关业务的应用系统建设程度并不均衡。

教学信息化应用建设水平参差不齐，利用网络平台的辅助教学还没有得到学校足够的重视，表现在网络教学平台上的课程数偏少。科研信息化应用水平低，科研项目协作交流平台和科研知识共享平台的建设缓慢，仅有很少的学校对此项建设较为重视。电子校务应用中，部门与部门之间共享与交流自动化程度低，很多学校管理部门之间的信息交流还依靠单纯的人工方式，特别是后勤管理、档案管理和校友管理等部门信息化程度落后。

教学资源建设与科研资源建设相对于图书馆电子资源建设来说，投入较少；已有资源的整体应用水平还有待提高；各省市的建设水平存在比较大的差异；专科院校以及规模较小的学校资源建设投入力度太小。

三、高校信息资源的管理和利用

（一）建立一体化的管理模式

首先，要建立数据标准。没有卓有成效的数据管理，就没有成功高效的数据处理，更谈不上建立起全组织的计算机信息系统。无论是企业的信息系统设计人员，还是院校的数字校园项目负责人，掌握数据标准要像建筑设计师熟悉建筑材料标准一样重要。为了有效地制定和实施数据标准，应遵循几条重要的原则：

第一，数据标准的制定要从实际出发，要结合各部门的意见；

第二，数据标准要简明易懂，切实可行；

第三，标准必须加以宣传推广，绝不仅仅是某一个部门的事情；

第四，信息管理部门保障标准的执行，并出台推广标准的办法和措施；

第五，标准应该根据需要和数字校园进展程度逐步制定，不要期待把所有的数据标准一次拟定结束；

第六，数据管理最重要的是一致性标准——数据命名、数据属性、数据设计和数据使用的一致性。

其次，要推动信息资源内部管理机构的整合。所有信息在整合后要实施集成管理，这是高校实现信息共享、提高资源使用效益的重要环节。高校是多目标、多层次、多系统的组织体系，人事、教务、财务等各个信息管理系统之间具备相互交错的信息关系。所以，实施信息资源一体化管理的首要任务，是进行内部管理机构的整合，即：树立信息资源大系统意识，成立信息中心，统筹人事、教务、财务、档案、网站等信息机构，全面协调，合理调配各种信息资源。

在教学资源的建设方面，应在"广泛共享、有效聚合、充分应用"设计理念的指导下，以服务教学为中心，在一线教师的指导下，制作更多有针对性和实用性的学习资源，扩大多媒体动态资源的比例，注重资源库的应用成效。

另外，要实施内部信息资源的科学整合。各类应用系统的相互连接、数据的有效共享是信息资源综合管理的关键。高校的当务之急是在统一的技术体系下，对各部门的计算机、应用系统的建设实行统一技术整合，制作各种接口，建立各种链接，构建一个涵盖管理、教学、科研等各方面的统一信息管理系统，实现异构数据信息的访问、接入、交流和共享，从而实现信息在各部门不同应用系统之间交换、共享，有效解决"信息孤岛"问题。也就是说，要对全校信息资源进行整体性把握、标准化集成、规范化使用，实现信息资源整合，保证高校信息资源管理的有序发展。

最后，实现外部信息资源的内部重组。借助网络化体系、电子化技术，发挥校内信息资源管理系统的集成与交互功能，化外为内，把学术资源等大量分散、无序但有用的信息收集起来,有效地将校外信息转为校内信息资源,经过规范化的整理,使之能够供师生检索、浏览和下载,化为己用。另外,可以采集校内各种应用系统特别是政务系统中产生的各类信息,建立文档信息库,与从外部采集的信息资源一起,对全校信息资源进行统一采集、整合、配置,建立信息资源保障系统,向师生提供各种载体的信息服务,放大信息的作用和功能。

(二) 实现资产信息的动态管理

首先,建立固定资产信息管理机构。学校应当有资产信息管理机构,对资产分类管理,明确后勤集团、校办产业、教室、图书馆、各系部、信息中心、实训基地等单位的管理职责权限;对各部门的资产管理员进行培训和专业素质考核,使其能够以信息化手段对资产进行登记、保管、检查、报告等工作。同时,完善资产信息化管理体系,既要有完善的宏观管理法规制度,又要有适合学校实际情况的内部规章制度,形成良好的高校固定资产管理机制,确保资产信息的真实性、信息披露的可比性、科学管理的有效性。

实现资产信息的全过程管理。信息资源"三分靠技术,七分靠管理,十二分靠数据",而目前我国高校的资产管理信息大多还集中在固定资产管理、设备设施管理、物资管理等方面,着眼点还是从独立的管理信息系统角度出发,其管理的重点集中在简单的静态管理上,通过对资产、设备等管理对象的建卡建账,然后在此基础上提供简单的查询、统计、报表等功能。未来,资产要从静态信息管理变为动态信息管理,管理周期从固定资产卡片管理逐步向全过程管理转变;另外,管理目的要从固定资产基本管理和查询逐步向固定资产的管理、统计、查询分析和决策支持转变。

(三) 挖掘信息资源,提高沉默资源利用率

信息管理领域将未得以利用的资源称为沉默资源,高校存在大量的沉默资源。其解决办法包括:

首先,提高信息关联度。各部门业务系统独自管理相关数据,久而久之就会使数据不一致。比如,财务系统、教务系统和宿舍管理系统未共享学生数据,当学生休学、退学时,三个系统的数据就会不一样,甚至出现在教务系统里显示已经退学两年的学生,但财务处仍催促该生交纳学费的情况;另

外，学工处、教务、财务、宿管等各部门统计出的在校生数据各不相同。学校必须制定静态数据的管理标准，明确数据权威来源，规定权威数据在全校各类业务中的流转关系，以及各部门在数据维护中的责权利，杜绝静态数据被多处更改。

其次，要规范绩效考核指标，增强考核过程客观性。绩效指标不统一，就容易造成各部门"公说公有理、婆说婆有理"，不利于比较各部门对资源的利用情况，更不利于资源的优化配置。所以，要立足于全局，以学校利益最大化为原则制定各项绩效指标。还有一点要注意的就是，要优化执行环节，既实现数据的质量控制，又不增加各部门工作量，在执行中尽量减少各部门工作的复杂度，如信息录入、维护等，否则政策落实将会遇到很大阻力。

此外，院校需要设立业务受理中心，提供面向全校师生的一站式服务。这样，师生原本需要到各部门收集数据并办理相关业务，在优化后，只需要通过业务中心和业务受理门户网站即可办理。系统优化在方便师生的同时，又带动静态基础数据和动态数据的规范化流转，加强信息的关联性，从而提高数据质量和办事工作效率。

第三章　高校管理人员管理

第一节　高校管理队伍专业化概述

一、我国高校管理队伍的发展历史

近年来，高等教育进入普及化阶段。通过"调整、合并"，许多大学发展成为多学科的综合性大学；通过新一轮校园规划建设，形成"一校多区"格局。现在，大学变成了一个在人员、面积、资金等方面都十分庞大复杂的巨型组织机构。大量管理人员承担着高校多项改革制度的构架、制定、实施和监督等职能，他们的知识结构、能力结构、管理理念与管理方式等在很大程度上影响着改革与发展的方向或进程。

（一）高校管理人员队伍的发展历史

1898年京师大学堂的创办，标志着我国近代国立高等教育的开端。我国高校管理体制经历了四个变化时期。

第一阶段，在中国旧民主主义革命和新民主主义革命时期，从海外留学归来的蔡元培、张伯苓、胡适、竺可桢、梅贻琦等教育家任大学校长，他们学习欧美，通过兼容并包、通才教育、学术自由、教授治校的大学治学理念，造就了一大批学贯中西的学术大师和中国社会的栋梁之材。这一时期我国高等教育事业刚刚起步，大学规模小，社会动荡，办学经费匮乏。当时国民教育水平普遍低下，高等教育属于精英教育。学校的管理工作范围小，由教师们兼职参与管理，管理工作是业余型的，因而基本没有管理队伍建设与发展的问题。

第二阶段，新中国成立后，高校管理学习苏联的办学模式，在进行社会主义改造期间，对民国时期的高等教育进行了改造，建立社会主义人民教育体制。这一阶段的高等教育理念强调大学为社会主义国家服务，为建立民族、科学、大众的新文化服务。当时，为加强党对高等教育事业的领导，党中央曾于1957年选派大量党政干部到全国各高校担任领导职务，出现大批专职从事党政管理工作的管理干部。为解决这些管理干部工资待遇问题，比照党政机关职务级别体系，高校逐步建立起以行政职务对应行政级别的管理人员队伍的待遇体系，高校管理体制逐步由学术化转为行政化。高校管理人员数量开始在学校人员构成中占据较高比例。这段时期我国社会主义高等教育体制刚刚建立，高校的中心工作是培养社会主义各条战线上的急需人才，全国各高校在国家计划经济制度下，学校发展、建设、招生、就业等工作都在国家计划内统筹，学校许多管理工作都由政府统包统揽了，办学自主权很小，对学校管理人员队伍专业化要求很低。

第三阶段，恢复高考后，特别是改革开放以后，党中央确立了以经济建设为中心、科教兴国等基本国策，国家经济建设快速发展，各行业人才需求急剧增加，高等学校发展迅速。为适应形势的发展，《普通高等学校人员编制的试行办法》将院（校）本部教职工编制分成五类：教学人员、实验技术人员和图书资料人员、政治工作人员、行政管理人员、工勤人员。以政治工作人员和行政管理人员组成的高校管理干部成为学校管理中不可忽视的一支队伍。为贯彻党中央关于干部队伍建设"革命化、年轻化、知识化、专业化"的要求，尊重知识、尊重人才，一大批学有所长的教授、副教授等专业技术人才被选拔到高校各级行政管理领导岗位上来。他们有专业知识，懂教学、懂科研，工作出色，获得师生和其他员工的好评，在管理领导岗位上容易被认可，同时，也反映了组织对他们的肯定和勉励。他们成为大学"学者型"的领导干部，大多一边从事管理工作，一边继续从事自己本专业的教学或科研工作，被称为"双肩挑"领导干部。同样在许多管理岗位上的干部亦是从教师岗位中挑选而来，或是按教师计划接收的毕业生，他们也成为"双肩挑"管理干部。因此，改革开放以来，"双肩挑"管理干部已成为高校管理人员队伍的一支重要来源，成为高校管理人员队伍素质（学历、职称）提高的主要体现。许多干部到管理工作岗位上后虽然没有经过系统性的管理学及相关专业培训，但依靠"传、帮、带"和自觉的学习与摸索进行工作。高校管理队伍结构通过"学者型""双肩挑"实现了"知识化"，通过管理者个人所从事的学科实现了"专业化"。但是，这段时期，学校许多管理工作仍沿继计划经济体制下的管理模式，学校组织结构还比较单一，学校规模还不算大，大学教育仍处在"精英型"教育阶段，这样的以"学者型""双肩挑"反映高校管理干部"知识化""专业化"的队伍建设，适应了同时代大学管理改革与发展工作的需要。

第四阶段，从20世纪90年代，新一轮高校管理体制改革，特别是1999年起，我国高校连续大幅度扩大招生规模以来，我国高等教育发展有几个重大的标志：第一，通过连续扩招，我国高校学生规模从1998年至2005年扩大了近5倍，毛入学率达到15%，高等教育进入"大众化"教育阶段。第二，从1993年开始我国对高等教育进行了重大体制改革和结构调整，一定程度上可以说是又一次高校院系大调整。按照"共建、调整、合作、合并"的基本思路，经过十多年的努力，以1998年国务院机构改革为契机，我国许多高校通过"调整、合并"发展成为多学科型"综合性"的大学。第三，伴随扩招与院系大调整，校园规划建设发生巨大变化，大学新校区建设遍地开花，大量资金投入新校区建设，形成许多"一校多区"格局。以上三个方面成为新时期我国大学教育体制改革的重大标志，使现在大学变成了一个在人员、面积、资金等方面十分庞大复杂的巨型机构。内外环境的变化，给高等学校管理带来前所未有的挑战。原有的管理理念、管理方式不能适应新形势的变化，亟待创新。这些问题如果得不到很好地解决，就会影响高等教育发展的大好形势。

大学"教学、科研、服务社会"的基本职能未变，但传统的大学内部管理体制已经明显地表现出对社会转型和市场经济制度的不适应，乃至被称为"计划经济的最后一个堡垒"。正如建立"现代企业制度"一样，建立"现代大学制度"成为当前许多学者研究和呼吁的重要课题。建立面向未来的现代大学制度是一项复杂的、艰巨的系统工程，是新时代高等教育管理体制改革的方向与发展的必然要求。其内涵和外部制度环境等也在不断进行深入探索和研究。从微观来说，大学内部进行管理制度的改革与创新，必定是建立现代大学制度的一项重要内涵；作为制度内的大量管理人员承担着多项改革制度的构架、制定、实施和监督等职能。他们的学识结构、能力结构、管理理念、管理方式等很大程度上影响改革与发展的方向或进程。必须提高管理队伍整体素质，才能保证现代大学制度的顺利实施。可以说在第四阶段，为适应高校时间、空间、人员、资金的巨大变化，管理队伍的建设与师资队伍建设同样重要。

（二）我国高校管理人员队伍构成

1. 我国高校管理工作的内涵

高校管理人员，从字面上理解，是指在高校从事管理工作的人员。但是，一直以来，人们为了转变机关管理人员工作作风问题，强调更多的是"管理就是服务"，即要求增强服务意识，改善服务质量。诚然，这是许多机关事业管理人员亟待加强的一面，但是，这又往往忽视管理的另一面职能，会将管理人员简单地等同于服务人员。这样，也就混淆了管理工作本身的科学定义，以及管理人员的定位与作用。

高校管理工作承担了管理与服务双重职能。对学校而言，在学校内部管理体制中管理职能包含方方面面的内容，如教学管理、科研管理、社会服务管理、财务管理、教师队伍管理等，还有如学生管理、后勤管理、基建管理、离退休老同志管理等。对广大学生、职工而言，管理部门则是学校的一个服务机构。按照管理学定义，管理是社会组织中，为了实现预期的目标，以人为中心进行的协调活动。在这些管理过程中通过"计划、组织、领导、控制"，对内部管理体制的制度化、规范化、法制化的建设，理顺学校内部管理，凝聚人心，吸引和稳定人才。某种意义上讲，管理工作无论管理还是服务都是因为有了学生和教职工的存在而存在，高校管理工作只有用科学的管理理念系统地建立一支职业化、专业性的管理队伍，作为本校贯彻管理理念、执行管理制度的载体，才能持续、稳定地落实本校办学目标。

2. 教育部高校有关文件对管理人员划分

从高校从事管理工作的发展历史来看，高校管理人员大致分为三类：第一类，来自教师。这部分人员分成两个历史发展阶段，一是"教授治校"阶段，学校管理工作基本是由教师兼职参与管理，他们主要身份或主要工作仍然是教师；二是"双肩挑"管理干部，按照岗位管理要求，他们主要岗位是党政管理岗位，但仍然兼职从事教学、科研工作。他们具有专业水平和工作能力，有以教学、科研为主体的第一线工作经验，但很多人员还缺乏高校管理的经验和对具体管理事务的深刻认识。第二类，专职党政管理干部。他们进校后长期从事学校管理工作，具有较强的管理意识和做具体工作的经验，但整体学历不高，对学校以教师为主体的工作理解不够深刻。第三类，从工勤人员中补充到管理岗位上的人员，这部分人员情况各异，但总体素质不高，发展后劲不足，主要承担管理工作中的事务性工作。

在此，我们将高校管理队伍人员界定为，在学校岗位设置中按岗位工作内容专职从事党政管理、行政事务岗位工作的人员。他们包括从教师岗位转移到主要从事党政管理和行政事务性岗位上的"双肩挑"人员，专职从事党政管理和行政事务工作的人员，以及在行政事务性岗位上的但身份仍然是工人的人员。

二、高校管理队伍专业化的含义和特点

（一）高校管理队伍专业化的含义

1. 专业化的定义及标准

卡尔-桑德斯是较早系统研究"专业"的社会学家。他认为，专业的形成可以追溯到中世纪的行会组织。根据他的研究，"所谓专业是指一群人在从事一种需要专门技术的职业。专业是一种需要特殊智力来培养和完成的职业，其目的在于提供专业的服务"。对评判专业的标准，一般认为"专业是一个正式的职业，为了从事这一职业，必要的上岗前的训练以智能为特质，包括知识和某些扩充的学问，它们不同于纯粹的技能；专业主要供人从事于为他人服务，而不是从业者单纯的谋生工具"。

专业不同于职业。职业可分为一般性职业和专门性职业。一般性职业不需要从业者经过专门的培训与教育，而专门性职业要求从业者经过专门的训练和教育，具有较高深和独特的专门知识和技术，是专业性职业。专业更强调从业人员的社会责任感、社会服务精神和工作的创造性。一般性职业随着

其专业水平的不断提高，会逐渐发展为专业性职业，这是一个长期的发展过程。

一般来讲，专业化有两层含义。一是侧重于性质含义，是指一个职业群体的专业性质和发展状态处于什么状况和水平，英语用 professionalism 一词表示；二是侧重于过程内涵，是指一个普通职业群体逐渐符合专业标准，成为专门职业并获得相应的专业地位的过程，英语用 professionalization 一词来表示。这里的"专业化"是在综合这两种含义的基础上提出的，即主要是指根据一定专业的特点与标准，来要求和规范一个普通职业群体，以求这个职业群体不断提高从业能力，并争取专业地位，使其所从事的行业成为一种专门职业的过程。因此，高校管理专业化就是要使高校管理成为一种专门的职业。

从专业的内涵可知，从事不同专业的群体，其专业的要求也各不相同。美国全国教育协会成员以及班克斯和奥恩斯坦等人对专业的特点与标准进行过深入地研究。综合而言，专业的特点与标准主要包括以下内容：需要运用专门的知识与技能，需要接受专门的培训和不断进修；能促进社会文明，推动社会发展；有独特的专业文化（专业文化是专业领域的价值、态度、情感、认知、自身成长的综合反映）；有健全的专业组织，相对稳定的职业群体；从业者的社会地位得到社会的广泛认可。

2. 高校管理队伍专业化的定义

要界定高校管理队伍专业化，首先要界定高校管理人员专业化。所谓高校管理人员专业化，主要指管理者在整个管理专业生涯中，以高校管理为基础，通过终生的管理专业训练，习得教育管理专业知识、技能，实施专业自主，表现专业道德，逐步提高管理专业素质，成为一个良好的高校管理专业工作者的专业成长过程，也就是由一个"普通人"变成"管理者"的专业发展过程。要使高校管理成为一种专门职业，就要求有专业管理素养的管理队伍与之相匹配，也就是要求高校管理队伍专业化。这里的高校管理队伍专业化主要指专业管理素养高、精干、高效、相对稳定的职业化的高校管理队伍。它既不等于纯粹的知识化，也不等于纯粹的管理文凭化，其要点是高校管理者管理行为的专业化。高校管理队伍专业化是高校管理职业专业化的基础和前提，是实现高校管理专业化的根本保证。

(二) 高校管理队伍专业化的特点

专业化是职业发展的结果，总结各种职业专业化的历程可以发现，高校管理队伍专业化应具有专业性、职业化和稳定性的特点。专业性是专业化管理队伍的本质特征，职业化是高校管理队伍专业化的外在表现，稳定性是高校管理队伍专业化的一个重要标志。

1. 专业性

高校管理队伍专业化具有一般的管理队伍特征，但因为其管理对象的特殊性而表现出具有高校管理特征的专业性质。专业性，是高校管理队伍专业化的重要特点。具体来说，主要体现在以下几个方面。

第一，掌握了有关高校管理工作的专业知识，并具有从事高校管理工作的专业能力。高校管理队伍专业化应掌握的专业知识主要有：其一，系统的科学文化知识和坚实的马克思主义理论及教育理论知识；其二，高等教育科学的基础知识，如高等教育学、大学心理学、高等教育哲学、比较高等教育学等；其三，高等教育管理科学的基础知识，如学校管理学、教育经济学、组织行为学、教育统计学、系统论、控制论和信息论等；其四，现代管理科学知识；其五，国家法律及教育行政法规、政策与规划等方面的知识。在能力结构方面主要有：语言表达和文字写作能力、教育管理与经营能力、科学研究能力、创造能力。其中，创造能力是深化管理工作，不断推进管理工作科学化的源泉。要获得这些专业技能，绝非易事，需要高校管理者经过长时间的专门职业训练。这说明高校管理工作不是人人都会、不学即能、"万金油式"的简单职业。

第二，工作效率高，工作效果好。高校管理队伍专业化的工作效率与非专业化队伍相比，应该有质的不同。工作效率高，工作效果好，是推进高校管理队伍专业化的目的所在，同时也是衡量高校管理队伍专业化程度高低的一个硬指标。专业化的高校管理队伍应该工作效率比较高，出现工作失误的情况比较少。因而，具有高校管理专业知识背景的管理者，如果其工作效率不高，工作效果不好，则不能将其归属于高校专业化的管理工作者；反之，尽管管理者没有关于高校管理的专业知识背景，但却擅长于高校管理工作，毫无疑问，这也是高校专业化的管理工作者。换言之，高校管理队伍专业化既不完全等同于知识化、学历化，也不完全等同于教育管理文凭化（即只看其是否拥有教育学、教育管理学的学历文凭），重要的是管理者管理行为的专业化，即是否已掌握并能熟练运用高校管理专业知识和技能，这是评价高校管理者及队伍是否达到专业化水准的一项重要指标，但绝不能"一刀切"。

2. 职业化

职业化是专业化的初级阶段，是高校管理队伍专业化的外在表现。长期以来，人们习惯于把"高校管理人员"与"干部"紧密联系在一起，以为只要政治条件好、能说会道的人都可以来高校当干部（管理人员），什么人都可以安排到行政岗位。究其原因，就是没有把高校行政管理当成一种职业来看待，高校管理队伍也不被认为是职业化的队伍。事实上，现代的高校行政管理是一种对专业要求很高的职业，围绕高校的整体运作，已形成特有的规律和方法，也构成了相对独立的专业体系。这个职业需要管理者具有良好的职业修养和专业素质，需要有长年经验积累的"慢功夫"，需要有终生为高校服务、为家长服务、为教学科研服务的职业观念。

高校管理队伍专业化的职业化特点主要体现在如下几个方面。第一，受过专门训练，具有管理、经营高校及进行教育科研、开发的职业技能，并获得了任职资格，能够科学合理地分配教育资源并使其持续增值；第二，在市场经济条件下，高校管理是一种受聘于市场的职业，其本质是劳务的商品化；第三，专业人才或有志于从事高校管理工作的人员可以依据其相应的任职条件，通过人才市场获取高校管理职业；另外，教育机构或办学单位可以按照其办学要求，通过人才市场招聘到符合任职条件的高校管理者。应聘的高校管理工作者按照聘约规定的职责要求，凭借其职业能力履行管理、经营学校的职责。

3. 稳定性

稳定性是专业化的一个重要条件。没有稳定的高校管理队伍，高校管理专业化和高校管理队伍专业化的实现就成了无源之水、无本之木。高校专业化的管理队伍，从总体上讲应当是相对稳定的。一是一以贯之的职业精神，即高校管理工作者要把从事高校管理工作作为自己终生奉献的专业领域。二是相对稳定的职位，不能总是随工作人员的流动而变动，只有这样，才有利于提高职位的专业化程度。三是政策法规的稳定性，国外高校管理队伍专业化的经验告诉我们，政策法规的相对稳定是推进高校管理队伍专业化的重要条件。新政策的出台和对原有法规的修改都是必要的。但政策的经常变更、法规的不断改动容易给高校管理队伍建设带来负面影响，弊多利少。四是福利待遇的稳定性，主要是指高校管理队伍工资、福利和待遇的稳定提高。保持高校管理人员福利待遇的稳定性，一方面，有利于管理队伍的相对稳定，激励高校管理人员全力以赴投身于管理职业；另一方面，也有利于吸引社会上的优秀人才进入高校管理队伍。当然，稳定性是相对的，稳定并不排斥队伍内部的竞争上岗和定期轮换，更不排斥队伍内部的"新陈代谢"。

三、高校管理队伍专业化的意义、动因

（一）高校管理队伍专业化的意义

高校管理队伍的专业化，是实现高校管理专业化的前提和基础，是实现高校管理专业化的根本保证。因为，总的来说，管理者的专业化，可以提高高校管理的效率和质量，使学校管理跨度适当，既能保证上级对部属指挥灵活、有效调控，又能充分发挥下级的主观能动性，增强管理的有效性。从根本上讲，高校管理队伍的专业化，在于能够实现三个"有利"标准。

1. 有利于高质量育人

管理队伍的专业化并非为了专业化而专业化，其根本目的在于促进学校发展和学生成才。培养人才是高校的首要目标，我们在提倡教书育人的同时，也应注重管理育人、服务育人，做到三位一体。在高校中，管理目标与教育目标是吻合的。管理者素质的高低直接影响到教育职责的履行效果，也关系到教育水平的高低和教育成效的大小，对整个育人活动是否能顺利实现目标起着决定性的作用。而且管理又是教书育人的保障环节，专业化的管理能够促进、保证教师的专门化。教师作为教育学生的直接实施者，他们的专门化水平与教育质量（学生质量）休戚相关。专业化的管理队伍在为专门化的教师群体提供管理服务的同时，对自己的管理行为、管理组织的运营状况应当能知其然，也知其所以然。在面对来自教师群体的询问与质疑时，管理

者至少能用较有说服力的专业知识解释。专业化的管理队伍，从根本上有利于高质量育人。

2. 有利于高效益办学

高校不断地从"象牙塔"走向社会的中心，对高校办学的经济效益、社会效益有所追求，高校管理者应该适时转变管理定位，不能再囿于传统的"管理就是服务"的浅层认识。管理既是一门科学，也是一种生产力，再好的教育资源也只是一种潜在的生产力，只有与相适应的教育管理方式相配合，才能形成巨大的现实生产力。但是，目前高校管理水平滞后，与教师队伍相比，管理队伍的落后更是制约高校进一步发展的瓶颈。管理队伍的专业化有助于深化高校改革，有利于稳定高校管理队伍，提高管理效能，以及更好地实现高校培养人才、发展学术、服务社会的职能，从而取得最佳的办学效益。

3. 有利于拓展管理者的职业发展空间

我们知道，当高校的专业技术人员实行了专业技术职务评聘制，工人实行了技术等级考试制以后，高校中的管理人员仍没有一个属于自己的等级序列。因此，实际上在高校管理人员的职称评定时，往往只能挤占专业技术职称的名额。这样无形中就阻碍了管理者的职业发展，令管理者感觉自我发展空间很小，影响工作的积极性。从这个角度来说，高校管理人员队伍建设滞后于高校人事管理体制改革的总体步伐。而高校管理的专业化，因为专业而权威，有了自己独立的等级评定序列，管理人员能够清楚地了解自己所处的等级，明确自己的升迁途径和升迁目标。这样一方面可以激励其圆满地完成自己的本职工作，并为将来升迁后可能从事的工作做好知识、技能上的准备，进一步搞好自我发展，从而也相应地提高了工作水平和工作效率；另一方面有利于提高管理人员的进取心，保持管理人员队伍的活力，使那些尽管没有担任领导职务，但有能力、有水平的管理人员可以通过自身的努力进入高级职员等级，一样能拿到相应的待遇，实现自身的价值。

(二) 高校管理队伍专业化建设的动因

1. 教育的社会环境因素

尽管各类环境因素影响组织的程度和形式各不相同，但任何组织都不可能脱离来自社会环境的制约。就高校的管理队伍专业化建设而言，社会环境因素的影响是广泛的、直接的，有时是决定性的。

时代变化、经济发展和社会进步对大学提出新的要求。大学具有明显的时代性，大学是时代的产物。现代大学经历了一个漫长的演变过程，其职能和作用也发生了很大的变化。知识经济的形成，以信息科技和生命科技为核心的现代科学技术突飞猛进，网络技术正在使人们的工作、生活、学习和交流方式发生重大的变化，对在各领域工作的人员掌握的知识和技能不断提出新的要求，所有这些都必将影响到大学的生存和发展，影响到大学管理的内涵与模式。与此同时，在高等教育普及化之后，面对我国社会出现的各种问题，如生态环境恶化、工农业产业结构的调整等，如何确定21世纪我国大学发展的目标定位和战略选择，是摆在我国高等教育界面前的一个亟须回答的问题。

在知识社会的大背景下，组织管理文化发生了变革。不可否认的是，传统的人事行政管理文化作为数千年的历史文化积淀，对今天人们的观念、心理与思维的影响是不可避免的。但是，改革开放和社会主义市场经济在我国的确立，都冲击着传统的管理文化，新的人事行政文化观日益凸现，并为人们所认同。

2. 高校在社会中的作用与地位的提升

（1）高校管理的独立性受到重视

长期以来，高校作为政府权力机构的延伸，只是其附属机构。随着《高等教育法》对高校自主办学权的确定，高校的独立性已备受关注。高校区别于其他社会部门。其实，相对于第一部门的政府组织和第二部门的企业相关组织而言，高校应该属于第三部门的成员，具有"非营利组织"和"社团法人"的特征。现代高校的行政管理有别于过去的高校管理官僚，它应当属于公共事业管理的范畴，而非政府管理范畴。

因此，高校管理具有相对独立性。长期以来，我国存在高校的办学者对高校实行"外行领导内行"的现象，即政府的宏观、强制性管理，降低了高校内部管理的专业化管理水平，把高校管理者置于高校管理的从属地位，削弱了管理的有效性。

在深化高校内部管理体制改革的进程中，管理作为一种特殊职能，其独立性受到人们的关注,对高校内部管理的效率的追求,自然归因于实施管理的主体——高校管理者的素质。

(2) 高校的职能作用范围扩大

高校已不再是过去的一味研究高深学问的"象牙塔",它正不断地从社会的边缘逐渐走向社会的中心,现代高校有着三大职能:培养人才、发展科研、服务社会。现代高校管理要实现这三大职能的协调与相互促进。高等教育的日益社会化,要求高校对社会的进步、文明的发展、经济水平的提高有所贡献,承担责任,这样高校的管理就更为注重效率与效益。高校有限的学术职能到无限的职能的转变,决定了"教授治校"的局限性与不适应性。

3. 高校管理队伍面临的新挑战

马丁·特罗教授以美国和战后西欧国家高等教育发展为研究对象,通过对高等教育毛入学率的分析,探讨了高等教育数量增长与性质变化的关系,将高等教育发展历史分为精英、大众和普及三个阶段。特罗教授认为:"一些国家的精英高等教育,在其规模扩大到能为15%左右的适龄青年提供学习机会之前,它的性质基本上不会改变。当达到15%时,高等教育系统的性质开始改变,转向大众型。如果这个过渡成功,大众型高等教育可能在不改变其性质下,发展规模直至其容量达到适龄人口的50%。当超过50%时,即高等教育开始快速迈向普及时,它必然再创新它的高等教育模式。"特罗教授还指出,大众高等教育与精英高等教育的区别不仅表现在数量上,而且表现在质量上。质的变化主要表现在以下方面:高等教育规模、高等教育观、高等教育的功能、课程和教学形式、学生的经历、高等教育的多样性、特点与界限、领导与决策、学术标准、入学与选拔、学术管理形式、高等教育的内部管理等。可以说,大众化所带来的高等教育体系上的变化是全方位的。

第二节 高校管理队伍专业化建设研究

一、做好高校管理人员的培训工作,创建学习型管理队伍

加强高校人力资源的培训与开发工作,对于推进我国高校管理人员的专

业化建设具有极其重要的意义，也是推进高校管理人员专业化建设的一系列工作中非常重要的一项。因此必须引起足够的重视，必须当作一项长远的工作来抓，构建高校管理人员的培训体系。这主要涉及两个方面，一是培训哪些内容，即高校管理人员合理的知识结构应该是怎样的；二是应该如何开展培训工作。

（一）培训内容

一个专业之所以被称为"专业"，就在于它区别于普通职业的非同寻常的深奥知识和复杂技能，换句话说，每一个专业都有自己学科的知识体系。高校管理要成为专业，就要有明确的知识基础，而且这些知识要对高校管理具有实际的指导意义。因此，针对高校管理人员的培训内容，也就是高校管理人员专业化所需要的知识，能为高校管理队伍的专业活动提供有效指导的知识。一方面，管理人员掌握的专业知识有限，不能满足高校管理工作的需要；另一方面，书本上学来的教育管理知识在具体的管理实践过程中，指导意义也是差强人意。在这种情况下，高校针对管理人员的培训既要对现有知识结构进行改造，又要重新建构高校管理人员合理、实用的知识结构。

我们首先来看一下"专业"的科学知识体系的构成。科学知识体系对于专业的重要性已被很多社会学家所关注和研究，凯露提出，一个专业的科学知识体系应该具有"为这一专业"和"关于这一专业"的特点。我国学者赵康在吸收凯露观点中较合理的成分后，发展了一个关于专业学科知识体系的描述性结构模型，他指出，一个专业的学科知识体系结构犹如一棵向日葵的脸盘，中心部分代表了"关于这一专业"的知识，周围的叶片则代表了"为这一专业"的知识，叶片的数量随着专业不同会有所增减。"关于这一专业"的知识落入一个科学学科领域，通常由这一科学领域内的总体知识加上几个分支学科的知识所构成。"关于这一专业"的知识是从事这一职业的人们进行实践的必备知识，放弃这些因素则无法科学地工作，它的存在奠定了一个职业的专业地位，并以这些因素与其他专业相区分。然而从事某一个专业性职业的人们仅仅具有"关于这一专业"的知识仍然是不够的，所有的职业都是处在一个开放的社会大系统中，必须具备这一大的系统内与这一职业相关联的各个方面的知识，如管理实践深入会计领域，还必须具备会计专业相关的知识。"为这一专业"的知识由此成为一个专业学科知识体系的一部分。"为这一专业"的知识往往落入许多个学科领域，通常由这些科学领域内的总体知识和相互关联的分支学科知识所构成。相对于"高校管理"这一专业，"关于这一专业"的知识分别是教育学及其分支学科、管理学及其分支学科等，"为这一专业"的知识可以是经济学、会计学、财政学、统计学、政治学、社会学、计算机科学、心理学和哲学社会科学等，具体结构如何设置则取决于高校管理中各个不同分支即不同部门的实践需要，如高校财务处"为这一专业"的知识主要是经济学、会计学、财政学、统计学等。

依据以上分析，高校管理人员的培训内容必须囊括"关于'高校管理'专业"的知识和"为'高校管理'专业"的知识。当然，仅仅有书面上的理论知识还不够，因为理论和工作实际毕竟还有一段距离，还必须强调理论知识和实践知识的统一，只有让理论知识对具体管理工作有实践指导意义，这样的知识结构才是完整的。结合高等教育发达国家对于高校管理人员的培训方案，在培训的内容中还应该涉及具体管理工作的案例分析，发达国家和地区的高等教育经验表明这种学习更加直接而且有效，对工作具有实际指导意义。

（二）培训模式

在我们国家，高校高层管理人员培训主要由政府组织，教育部直属的国家教育行政学院作为专门机构承担此类培训任务。国家教育行政学院举办的高校领导干部研修班、教育部直属高校中青年校级干部专题研修班和高校中青年干部培训班等培训项目，是我国主要的大学校长和高层管理人员培训项目。但是在专业团体培训方面比较缺乏，高等学校提供的大多也是学历教育，对于大多数高校在职管理人员的培训任务主要还是落在学校本身。目前对于管理人员的培训在我国高校还不够重视，在培训内容和培训模式方面还有待改进。

1. 培训方式

对高校管理人员的培训来说，培训方式应该是灵活多样的。

网络在线交流，各类管理人员在学校网站上或联合其他高校开辟专门区域，供不同层次的管理人员在线交流管理心得、管理经验、解答疑惑，当在管理中遇到问题均可与其他管理人员交流，获取帮助，也可帮助解决管理问题，在长期的参与中达到不知不觉提升管理水平的目的。加入各种专业性教育管理者协会，各类管理人员通过参与各类专业性协会，参加协会组织的相关活动，在组织的帮助下有针对性地学习管理知识。无限制专业性教育管理者协会的好处就在于其跨校的性质和相对专业的特点，通过参加各种协会可以了解该专业的最新动态和其他学校情况，进而可以扩大知识面，增进对专业的了解。

2. 培训内容

从培训内容方面，既要培训相关理论知识，又要针对具体对象和特定问题进行培训，比如财务管理、信息化管理、学生事务管理等方面的专门培训。培训模式也应该多样化，促进理论与实践相结合，既开拓受训者的知识视野，又突出培养他们解决实际问题的能力，注重理论知识和实践技能的共同提高，以达到更好的培训效果。

二、改革现有职务分级、薪酬分配制度

薪酬分配制度是涉及人们根本利益的重要问题，它是个体工作的原动力，是个人生存与发展的物质基础，也是高校管理人员自我价值和社会地位的一种体现。一个组织的薪酬分配制度体现着它的管理思路，合理的薪酬分配制度成为满足员工需求、吸引人才、留住人才和组织构建核心价值体系、实现组织与员工共同发展的有效工具。根据行为科学的理论，人的行为是由某种特定动机决定的，而动机又是由特定需要引起的，"行为—动机—需要"之间存在着客观的必然的内在联系。在市场经济的利益机制、激励机制的作用下，高校管理人员的经济收入、社会地位、工作环境是吸引优秀人才投身于教育事业的重要因素。发达国家和地区高等教育的高校管理人员的薪酬具有很大的吸引力，如某些美国名牌大学校长的年薪就高于美国总统。其他管理人员年薪虽然没有那么高，但与社会整体水平相比也是相对较高的，而且部分国家的高校管理人员享受的是公务员待遇，相对其他工作比较有保障。

从我国国家统计局对全国部分行业收入情况调查公布的数据来看，高校管理人员的平均工资低于专职教师，从社会整体水平而言高校管理人员的待

遇相对偏低。为了提高高校管理人员的工作积极性，必须对现有的薪酬分配制度进行改革，建立新的适合高校管理岗位的薪酬体系，缩小高校管理人员与高校教学科研人员的工资差距。在具体改革的操作过程中，主要有以下几点建议。

第一，因地制宜，因校而异。这里所说的"因地制宜"，就是结合高校当地的经济条件、生活水平、消费水平等综合指数，高校管理人员的薪酬应该有差异；"因校而异"就是提倡各高校要根据学校发展的整体战略规划，结合学校目前的财政状况来制定符合自己学校特点的薪酬分配制度。高校现在能做的就是在政策允许的范围内尽快建立高校自己的工资分配体系。高校管理人员的薪酬体系应主要由工资、福利、津贴和奖金四部分构成，其中工资占的比例最大，福利则主要包括国家福利和学校福利两部分，福利也受工龄和实际工作业绩的影响。此外，津贴、奖金则体现优劳优酬，主要由管理人员对高校的贡献和高校的绩效等因素决定。当然，本着"因校而异"的原则，各高校的办学特色不同，发展战略不同，高校管理人员的薪酬组成、各部分比例、分配也可以有所不同。

第二，整体提高高校管理人员的薪酬。在高校管理人员整体薪酬低于专职教师的情况下，有必要整体提高管理人员的薪酬，以增加岗位吸引力，提高管理人员工作积极性。从推进高校管理人员专业化建设的角度来说，要想使高校管理成为"专业"，提高高校管理人员的物质待遇、提升管理者的社会地位是推进高校管理队伍专业化的硬性条件。因为专业人员在掌握专业知识和技能、履行社会职责的过程中，从事的是复杂劳动，他们所付出的远比一般职业从业人员要多。在走上专业工作岗位之后，他们应该拥有更高的社会地位和更多的资源，这其中包括薪酬、发展机会、职业声望等。任何一种职业越是具有不可替代的专业性，它的社会地位就越高，一个职业由职业化进程逐步走向专业化的过程也是提高从业群体社会地位的过程。薪酬的高低在通常意义上又被人们视为衡量社会地位高低的重要方面，所以提高高校管理人员的薪酬有利于提高高校管理人员的社会地位，从而加速高校管理人员的专业化进程。

整体提高管理人员的薪酬还可以使高校管理岗位更具吸引力，能够吸引和留住更高质量的管理人才。所以整体提高我国高校管理人员的薪酬必须要得到足够的重视，制定高校管理人员按年限加薪等方面的规章制度，使高校管理人员的工作和生活条件得到全面改善，从而以更高的热情投入管理工作中去。

第三，设立特别津贴和奖励基金。对于那些在学校发展过程中做出突出贡献，在自己的工作中成效显著的高校管理人员，学校为了表示对他们的认可和鼓励应该设立特别津贴和奖励基金，采取多种优惠措施，增强高校的吸引力。特别津贴和奖励基金的存在非常重要，因为高校管理人员具有较高的综合素质，在解决生存问题的基础上，他们更需要的是学校对自己工作的认可，而特别津贴和奖励基金正是肯定他们能力的一种物质奖励形式，这种形式既是物质的肯定，又是精神的界定，会无形中增加高校管理人员工作的积极性，增强工作的自主性。

第四章　高校学生教育管理

第一节　大学生行为管理

一、大学生行为管理概述

(一) 大学生行为管理的内涵

"行为"一词在《现代汉语词典》中的解释是"受思想支配而表现出来的活动"。广义的行为是指一切可以观察到的、生物的、具有适应环境性的活动。狭义的行为是指人由于环境等外部因素的影响和刺激，内在的心理和生理发生变化所形成的外在表现。人的行为是在先天遗传的基础上，经过后天的学习表现出来的，具有积极地适应环境和有创造性地改造环境的特点。

行为管理是随着西方工业化进程加快和社会化大生产的发展，企业劳动及劳动力构成发生变化，西方国家经济危机及劳资双方矛盾加剧应运而生的。以泰勒为代表的古典管理学派只把人当作"经济人"，忽视人的因素。梅奥的"社会人"假设奠定了行为科学的理论基础，以人为出发点，尊重人的因素，根据"需要引起动机，动机支配行为"这一基本原理，从人的需要、欲望、动机、目的等心理因素的视角来研究人的行为规律。行为管理理论一直被广泛应用于组织管理中，为组织目标和组织效率的实现提供了理论支持。

对大学生行为的管理与引导一向被看作是学校教育的重要组成部分。其原因主要有三方面：一是学校作为公共教育机构，一个重要的人才培养内容就是促进学生个体社会化。众多学生只有在有秩序的环境中才能正常地学习与生活。每个学生遵守公共秩序本身就是一种社会行为；二是大部分学生的自觉理性观念尚在形成过程中，还不能绝对理智地支配他们的行为。他们的行为往往受到欲望、情绪的驱使，还可能受到外界的诱惑与利益的驱动，从而发生越轨行为，亟须正确加以教育引导；三是学生的正当行为若不经过反复练习，便不足以促使偶然的行为表现转化为长期的行为习惯，并由此形成稳定的道德品质。

大学生行为管理是探讨和研究大学生行为过程的规律，对大学生行为目的、行为手段和行为结果进行指导、评价、矫正和控制，是使之产生正确积极的行为，养成良好的行为习惯和高尚的思想品德这一过程的总和。从管理主体上划分，大学生行为管理可分为学校管理和学生自主管理；从管理内容上划分，主要包括各级相关行为管理规范的制定、教育宣传与执行，学生良好行为习惯的引导与养成、学生偏差行为的矫正等方面；从大学生行为表现上划分，主要包括学习行为管理、社会实践行为管理、交往行为管理、消费行为管理、网络行为管理等方面。

（二）大学生行为管理的意义

对大学生行为的有效管理有利于促进校园、社会良好风气的形成，有利于青年学生优良品德的培养，是高校德育工作的重要内容，直接关系到大学生的全面成长成才与学校乃至整个社会的和谐稳定。

1. 大学生行为管理是新形势下实现学校人才培养目标的重要手段

大学生行为管理作为大学生管理的重要内容，对学生的基本行为具有强有力的约束和指导作用，对实现高校教育管理功能具有不可替代的意义。德国教育家赫尔巴特在《普通教育学》中曾指出："如果不坚强而温和地抓住管理的缰绳，任何功课的教学都是不可能的。"新时期大学生行为的管理与引导，是将管理与教育紧密结合，着眼于整体教育活动的健康有序进行和良好育人氛围的形成。因此加强学生行为管理，形成科学的、以人为本的管理秩序，直接关系到学校教育目标的实现，也直接关系到学校人才培养质量，必须将其作为高校整体教育工作中的重要环节，在实际工作中重点加强、扎实推进。

2. 大学生行为管理有利于引导学生树立自觉的理性意识，是实现学生道德观正确发展的客观需要

大学学习生活阶段是青年学生个体成长的重要阶段，也是青年大学生理性意识逐渐成熟的阶段。青年大学生身心发展在此阶段趋于成熟，但个体道德规范尚未稳固，其行为特征存在一定的盲目性和局限性，行为意识亟待引导规范。具体来说，引导学生逐步实现由"他律"向"自律"转化，需要通过管理、教育等外部规范手段来引导、帮助学生树立正确的行为规范意识。大学生行为管理正是通过不断研究学生行为的新特征、新情况、新问题，有针对性地推动管理体制和管理机制的发展，引导其树立对积极健康行为的正确认知，树立自我管理的理性意识，从而促进其自身的全面发展。

3. 大学生行为管理有利于健康和谐秩序的形成，是维护高校、社会稳定的重要保障

大学生行为管理的一项重要职责在于规范学生的日常行为，教育引导学生遵守学校纪律，促进健康和谐的校园环境与社会环境的形成。对于高校来说，通过有效的学生行为管理可以进一步促进良好教育秩序的形成，确保学校各项人才培养工作得以顺畅开展。对于社会来说，大学生最终要步入社会，他们的行为意识将会影响其今后的工作甚至整个人生。重视行为管理，强化正确的行为意识，可以使其逐渐树立正确的道德规范，更好地服务社会，发挥大学生社会精英的作用。与此同时，大学生作为特殊的社会群体，其意识、行为受到国家和社会的广泛关注，对整个社会群体的行为意识会有一定的导向作用。

因此，加强对大学生行为的管理和引导，对于保障高校乃至社会稳定都具有重要的意义。

二、大学生学习行为管理

大学阶段，学习是学生的首要任务，大学生的学习行为直接影响自身的成长与发展。因此，加强大学生学习行为的管理和引导，能够帮助学生培养积极的学习意识、掌握科学的学习方法、养成良好的学习习惯，为未来成长成才奠定良好的知识基础。

(一) 大学生学习行为的类型与特点

《现代汉语词典》对"学习"的定义有两类，一是指"从阅读、听讲、研究、实践中获得知识或技能"；二是指"效法"。从学习的概念来看，广义的学习是指人和动物依赖经验来改变自身行为以适应环境的神经活动过程，它包括人的学习和动物的学习。狭义的学习是指人掌握人类社会经验的过程。

大学生学习行为是指大学生所开展的一切和获取知识、技能等目的相关的活动中表现出来的行为。从本质来说，大学生的学习行为是对于社会和自然的一个认识过程，是从无知到有知，从知之不多到知之甚多，从对社会和自然的盲目性认识到自觉性认识的过程。

1. 大学生学习行为的基本类型

(1) 按学习方式划分

教师引导型：大学生在大学阶段的学习行为主要由教师的引导、传授获得。但是与中学课堂上教师的教育方式不同，集中的课堂专业学习已难以满足学生发展的全方位需求，教师除进行直接的知识传授外，更多地扮演指导者和领路人的角色，为学生的学习行为指明方向、提供资源、分享经验、答疑解惑。

独立研究型：指学生通过利用网络、图书馆等学习资源独立开展学习和研究。

集体研讨型：指学生可以根据兴趣、爱好、专业的不同组成学习小组，集体进行研讨学习的学习行为类型。"独学而无友，则孤陋而寡闻""三人行，必有我师焉"，大学生在学习过程中，除了在教师指导下进行专业学习外，还经常会组建以学习为目标的各种群体，通过朋辈交流开展学习活动。

(2) 按学习动机划分

学习动机是推动学生从事学习活动，并朝一个方向前进的内部动力。学习动机和学习行为相互影响，一方面，人的学习需要一定的学习动机来维持；另一方面，学习动机需要通过具体的学习行为实现。

按学习动机可将大学生的学习行为分为以下几种类型。

自我实现型：指大学生以实现个体的需要、兴趣、理想、信念、人生观等作为主要学习行为动机而开展的学习行为。对学习个体而言，这类学习动机属于内部动机，具有积极性、自觉性和主动性等特征。

知恩图报型：指学习行为动力主要来源于对父母、师长、社会恩遇的回报。这类学习行为主要以情感为基础，学习动机一般相对稳定。

谋求职业型：是主要以寻求理想的职业作为学习动力的学习行为。此类学习动机属于外部动机，往往会随着外部条件的变化而不断发展变化。

应对考试型：是主要以通过考试、取得成绩作为学习动力而激发的学习行为。

（3）按学习结果划分

美国教育心理学家罗伯特·加涅按学习的结果把学习活动分为五类。大学生的学习行为也可以从这一维度进行划分。

言语信息的学习：学生掌握的是以言语信息传递（通过言语交往或印刷物的形式）的内容或者学生的学习结果是以言语信息表达出来的。这一类的学习通常是有组织的，学习者得到的不仅是个别的事实，而且是根据一定的教学目标给予许多有意义的知识。

智慧技能的学习：这是指学习者将利用符号转化成自身能力的学习，智慧技能并不是单一形式，它有层次性，由简单到复杂，包括四个层次：辨别、概念、规则、高级规则。言语信息的学习帮助学生解决"是什么"的问题。而智慧技能的学习要解决"怎么做"的问题，以处理外界的符号和信息，又称过程知识。

认知策略的学习：认知策略是学习者用以支配他自己的注意、学习、记忆和思维的有内在组织的才能，这种才能使得学习过程的执行控制成为可能。简单地说，认知策略就是学习者用来"管理"其学习过程的方式。这种使学习者自身能管理自己思维过程的内在的有组织的策略非常重要，是目前教育心理学研究中的热门课题。认知策略的培养也应该成为学校教育的重要任务之一。

态度的学习：态度是通过学习获得的内部状态，这种状态影响着个人对某种事物、人物以及事件所采取的行动。人的行动是受态度影响的，而且态度还是人的动作表现的结果，因此学校的教育目标应该包括态度的培养。

运动技能的学习：运动技能又称为动作技能，如体操技能、写字技能、作图技能、操作仪器技能等。

2. 大学生学习行为的特点

与一般的学习行为相比，大学生学习行为具有以下特点。

（1）专业性与广泛性并存

由于大学教育在培养目标、教学内容、课程设置上具有明确的专业划分，大学生的学习活动一般都围绕某一类专门性学科、依据专业的培养目标展开，其学习行为带有鲜明的专业性特征。另外，在大学课程体系中还包含外语、计算机等共同基础知识，伴随大学生学习活动的空间逐渐从课内向课外拓展，从现实向网络拓展，大学生除专业学习，还经常根据自身兴趣爱好广泛涉猎、自主学习各种理论知识和技能，因此又呈现广泛性特征。

（2）自主性与依赖性并存

当前在高等教育学分制和弹性学制的背景下，大学生的学习行为具有鲜明的自主性特征。他们可以在完成规定课程学习的基础上自由选课，有较多的业余时间对学习目标和内容进行规划设计，有目的地开展学习活动。但是，大学生由于受到自身素质、知识结构、学习能力等方面的限制，一定程度上还需要在教师的指导下进行学习活动，其学习行为还存在一定的依赖性。

（3）阶段性与整体性并存

从现实来看，大学生在大学学习的不同阶段，其学习目标和学习重点也往往各不相同。如本科生在大一年级时学习处于过渡期，还处于中学和大学之间的转型阶段，其学习行为多侧重对专业基础知识和公共基础知识的学习。进入二年级，学生已经开始侧重进行各种专业理论和基本技能的学习，这一阶段的学习行为往往呈现出一定的稳定性。到了大三年级，大学生的学习目标日益明晰，学习内容逐渐向纵深发展。围绕各自目标，学生的学习行为差别趋于明显。进入大四年级，学生开始面对择业问题并即将走向社会，学习行为更具有实用化、实践化的倾向，如进行专业实习、毕业设计、参加就业技能培训等。在大学生学习行为呈现阶段性特征的同时，从整体上看，大学生的择业成才的学习目标相对确定、所学专业的学习内容相对稳定，学习行为始终围绕自身的学习目标和学习内容这一核心开展，也呈现出整体性特征。

(二) 大学生学习行为的管理与引导

近年来，随着社会的发展和高等教育改革不断深化，大学生学习行为更趋于自主化、个性化，但也由此引发了一系列新问题。如部分学生仍以"及格万岁"的应试动机为主导，学习行为缺乏主动性和创造性。为了盲目追求成绩，甚至出现考试作弊、论文剽窃等现象，并对学校和个人造成不良影响。因此，加强对大学生学习行为的管理和引导，帮助学生摆正学习心态，明确学习目标，提升学习与创新能力，已成为当前大学生学习行为管理的当务之急。

1. 明确学习目标，激发学生深层学习动机

学习动机与学习目标是紧密联系的，任何学习动机都是出于学习目标的需要。对于大学生的学习行为管理引导，首要的任务就是帮助学生树立科学的学习目标、强化学习行为的目标意识，进而形成科学的学习动机。具体来说，一是要引导学生充分理解个人需要与社会发展之间的关系。能够将个人需要与社会发展相结合，树立科学的学习成长目标。具体工作中要通过外在正面激励强化、职业发展辅导等方式，帮助学生认识到只有树立起明确的学习目标，才能在大学期间获得充分的发展；二是要充分激发学生的深层次学习动机。在当前大学生就业形势比较严峻的背景下，学生学习动机实用化、功利化是有其合理性的，但是学习行为的过分功利化，会逐渐导致学生失去学习的愿望和兴趣，甚至阻碍学生的发展成才。开展学习行为管理，要从每个学生个体的自身特质和兴趣爱好出发，通过唤醒学生的内在学习兴趣、激发求知欲，引导学生正确认识学业发展、树立积极的学习期望，从而挖掘学生的最大潜力，形成长期的学习动力。

2. 强化自主学习管理模式，提升学生自主学习能力

授人以鱼，莫若授人以渔。大学阶段的学习，传授知识固然重要，但更为关键的是培养学生自主学习的能力，为其未来走上社会、终身学习奠定基础。一方面，要有针对性地客观分析学生内在素质，进而针对学生个性特点和发展需求，制定合理的阶段性学习规划，对学生自主学习进行方法指导，如：建立自主学习规范、制定大学四年学习规划、完善自主学习制度等；另

一方面，可以探索自主学习与小组学习相结合的方式，改变学生在学习上习惯一个人单独学习多，而小组合作学习少的状况，组织学生进行合作学习，充分发挥朋辈集体智慧，促进自身学习能力的提升。此外，还要为学生自主学习提供充足的资源和良好的环境，不断丰富完善图书馆、网络教学等公共学习资源，积极为学生创造自主学习实践机会，让学生在实践探索中不断强化自主学习意识、提升自主学习能力。

3. 建立科学长效的学习奖惩机制，营造良好的学习氛围

学习奖惩机制是国家和学校人才培养方向的具体体现，对学生学习行为有着直接的导向作用，是确保学生学习行为健康发展的重要制度保障。一方面，以促进学生全面发展为指向，本着正面激励为主的原则，构建科学长效的学习奖励机制。对综合素质较高、专业学习优异、专长突出的同学给予充分的物质奖励和精神奖励，充分激发学生的内在学习动力和学习的积极主动性，为学生学习行为提供明确的发展导向；另一方面，学校要切实加强高校学生学习行为的纪律规范，保障学校正常的教育教学管理秩序，加强校风学风建设，对于违反学校相关管理规定的学生，要严格公正地纠正其不当的学习行为，要本着教育为本、严格规范的原则进行管理，建立警示、预防、处理等相关机制，严肃校风校纪，为学生提供公平、公正的学习环境，营造诚信、踏实的求学风气。

三、大学生社会实践行为管理

（一）大学生社会实践行为的类型与特点

大学生社会实践行为，是指大学生按照高等教育目标要求，深入实际、深化教学、服务社会，促进自身全面发展的活动行为。大学生社会实践作为高校培养人、教育人的一种基本教育形式，通常以"受教育、长才干、做贡献"为目标，以学生亲历亲为的实践体验活动为载体，是高校课堂教学的重要延伸。

1. 大学生社会实践行为的类型

（1）按实践范围划分

大学生社会实践行为的范围与空间十分广泛，按照大学生开展社会实践

活动的范围进行划分，主要包括校内社会实践行为和校外社会实践行为。校内社会实践行为包括校内勤工助学、毕业设计、军事训练等；校外社会实践行为包括校外教学实践、校外专业实习、假期工作实践、社会调查、咨询服务、支农支教、社区服务等。

（2）按实践内容划分

学习研究型：主要是指大学生在专业教师的指导下，针对某一专业问题或社会热点问题，深入社会进行调查研究。参与此类实践活动可以培养大学生发现问题、解决问题的意识和能力，在形成调研报告、发表科研成果的过程中还可以锻炼学生的学术科研能力。学习研究型还可包括由学校根据学生专业需求，统一组织学生参与到相关企事业单位进行的专业实习锻炼。

志愿服务型：主要指学校、学生社团或学生个体为满足社会需要而开展的公益性志愿服务活动，如绿化城市、美化校园、科技扶贫、义务演出、义务宣讲等。此类社会实践行为既可以帮助学生走进社会，了解社会，还能够培养学生无私奉献的精神及高度的社会责任感。

参观教育型：这种社会实践行为主要指学校或学生自发组织走进社会，到工厂、企业、中小学校、名胜古迹等进行参观考察，学生通过直接的感官体验，了解国情，升华思想，从中得到教育和启迪。

有偿劳动型：指大学生以获得经济报酬为主要目的而进行的社会实践活动。既包括由学校为学生提供的勤工助学岗位，如图书管理、助研管理等，也包括学生个体或集体自发组织参与的相关行为，如从事家教、推销产品、利用寒暑假时间到企事业单位打工锻炼等。此类社会实践行为有助于培养学生勤劳肯干的作风和艰苦奋斗的精神，提升就业能力。

2. 大学生社会实践行为的特点

大学生社会实践行为呈现的特点主要包括以下几方面。

（1）体验性

实践体验是大学生学习知识、掌握本领的一个重要途径。大学生的理论学习往往通过课堂内学习得以实现，社会实践则更强调从感性上获得对社会各方面的认知、理解、体验和感悟。通过社会实践，学生可以将自身原有的知识经验与亲身接触的社会实际进行印证和比较，将抽象的理论知识与具体的实际问题联系起来并相互转化。

(2) 专业性

大学生社会实践是高校教育教学不可或缺的重要环节，往往体现出所学专业理论知识与社会实践行为紧密结合的鲜明特征。主要体现在两方面：一是大学生社会实践行为的目的是为了通过实践检验、反思所学的专业理论知识，最终运用所学专业知识服务社会，实现自身价值；二是大学生社会实践行为的内容和方式具有专业性。大学生具有突出的专业知识和专业技能优势，能够更好地服务于社会各项事业的发展，如暑期"三下乡"活动，就是以法律、教育等学科的专业知识为活动内容而开展的实践，其形式和效果得到社会的广泛认同。

(3) 阶段性

大学生社会实践行为的阶段性特点主要表现在两方面：一是就大学生社会实践行为本身而言，是大学生社会化过程中的一个重要阶段。大学生处于人生中的成长成熟阶段，其社会化的任务是为进入社会、承担社会责任做好全面的准备，这一阶段的实践成果主要通过学习获得；二是实践内容的阶段性。主要表现为社会实践形式随着年级的增长而变化，如低年级学生的实践行为主要集中在校园内及其周边，以活跃课余文化生活、培养兴趣爱好、提升能力为主要目的。高年级学生的实践行为会更注重深入社会，通过调查研究、教育实习等方式把专业知识与社会实际联系起来。同时，除贯穿整个大学过程的学习研究实践外，各种实践行为都具有学生参与时间上的阶段性。

(二) 大学生社会实践行为的管理与引导

1. 完善运行机制，充分调动大学生参与社会实践的积极性

一是要把社会实践作为学校教育教学活动的重要环节纳入整个教学体系，将社会实践作为人才培养过程中的重要环节。引入学分制，督促学生在完成实践活动后上报成果，对成绩合格者给予相应学分。二是建立健全保障和激励机制。如设立专项基金，用于解决学生外出交通、住宿、参观等费用。对在社会实践活动中表现优异的学生给予一定的物质与精神奖励，还可将社会实践作为参与评奖评优、保送研究生、推荐就业单位的考核依据等。三是建立考核评价机制。进一步健全社会实践活动的考评体系，设立科学的

考核标准和考核办法，全方位、多角度、全程式对学生实践活动给予评价。对实践行为做出客观反馈的同时，促使学生深入反思实践中的经验与不足。四是努力实现社会实践运行的基地化、项目化及社会化。具体来说，可以加强与社会单位的联系，有计划地建立一批稳定的社会实践基地，以招标的形式确立实践项目，确保实践活动的实效性。

2. 强化专业指导，确保学生社会实践活动的科学开展

学校应结合实际，建立和完善校院（系）两级学生社会实践活动指导体系。在学校层面，要设置专门的由学校分管领导在内、有关部门负责同志组成的大学生社会实践领导小组，加强高校社会实践的对内组织指导和对外联络沟通，建立科学规范的管理制度，保证社会实践有步骤、有计划地进行。在各院系层面，应发挥院系的专业优势、整合社会资源，选拔一支优秀的指导教师队伍，为学生社会实践活动提供专业指导，确保社会实践取得良好的效果。此外，高校还要加强对学生社会实践活动的理论研究，探索大学生实践行为的科学发展体系。

3. 加强示范宣传，进一步扩大社会实践活动效果的影响力

在实践行为进行的全过程中开展示范宣传教育，对扩大社会实践活动及其效果的影响力，实现宣传、鼓励和教育的目的有着重要作用。高校可以利用多种方式，强化社会实践参与者与其他学生的交流互动，增强示范引导作用。一方面，选拔和培育示范性的社会实践团队和个人，提供更广阔的展示平台和发展空间。高校教育管理工作者要从学校层面支持大学生的社会实践行为，提供更大的展示平台和发展空间。一是要充分发掘，开展评选活动，选拔出对大学生全面发展有积极作用和广泛影响的社会实践活动，给予适当奖励和宣传。二是要加强培育，根据学生个性特质和兴趣方向组织开展社会实践活动，有意识地培育优秀的社会实践团体和个人。另一方面，多渠道宣传，提升社会实践影响力。通过网络、报纸、广播等多种形式宣传优秀社会实践活动的社会效益，以及在实践过程中的典型人物、事件、成果等，鼓励更多的大学生自主参与到社会实践活动中，在服务社会的过程中提升素质，全面成长成才。

四、大学生交往行为管理

(一) 大学生交往行为的类型与特点

"交往"一词的原意为"相互往来",主要表示人与人之间的相互关系。不同的学科对"交往"的内涵有着不同的认识。从哲学意义上看,交往就是指人所特有的相互往来关系的一种存在方式,是人与人之间为了实现改造世界的目的,通过客体中介而开展的相互对话、相互理解、相互影响、相互创造的各种交往实践和所形成的主体间关系。对于大学生而言,交往行为是其人际交往活动的具体体现。大学生交往是指在一定条件下,大学生与不同人群通过一定渠道进行情感交流、信息沟通、物质交换的过程。

1. 大学生交往行为的基本类型

从大学生成长过程上看,大学生交往行为是其走向社会化的关键环节。当前伴随社会主义市场经济和高等教育改革的不断深化发展,大学生的交往活动更为复杂和广泛,交往范围、对象、内容、方式都发生了深刻变化。当前在大学生交往当中,主要可从以下几个维度进行划分。

(1) 按照交往的范围划分

一是个体与个体之间的交往行为,即大学生作为独立个体,根据自身需求有目的地进行交往的活动,此类交往活动过程中交往双方能够建立起对于彼此的信任感和依赖感,是大学生人际交往中最常见的类型;二是个体与群体之间的交往行为,是指一个人和有共同目标的群体之间的交往。具体来说是大学生根据自己的兴趣、爱好、特长等寻找适合并接纳自己的群体的一种行为。在个体与群体的交往过程中,大学生期望在群体中找到认同感和归属感;三是群体与群体之间的交往行为,指两个或两个以上群体之间为了实现某种目的而进行的交往活动,如班级与班级之间、寝室与寝室之间等以群体形式展开的交往活动。

(2) 按照交往的对象划分

一是差异性主体交往行为,主要包括师生交往、学生与家人交往以及学生与其他相关社会人员交往。在高校,师生交往是差异性交往的一种主要形式。差异性主体交往要求以交往共同体中的每一方都必须保持人格上的独立与平等为基本前提,同为交往过程的主体相互影响、相互作用、相互渗透。这种相互作用由于交融了两种"主观性",因此最复杂、最生动;二是相似性主体交往行为,主要指生生交往,即学生之间通过对话和活动而达成一致的交往活动。

(3) 按照交往的内容划分

主要包括学习交往、工作交往和情感交往等。学习交往是指交往双方以学习为目的而进行的人际交往行为。它一方面包括学生之间通过课堂上的相互讨论以及课外学习中的互相帮助、相互鼓励等行为表现的交往活动;另一方面也包括师生之间的教学交往行为。工作交往主要是指在班级社团等学生组织开展的学生工作中形成的大学生交往行为,如参加学生会竞选、举办校园文化活动等。情感交往是指以情感交流为主的大学生人际交往行为,主要包括与家庭成员间的亲情式交往、与朋友间的友情式交往和与异性之间的爱情式交往。

2. 大学生交往行为的主要特点

从人际关系的发展变化来看,当代大学生的交往范围逐渐向社会群体交往转变,从大学生交往对象、交往形式和交往动机等方面看,主要呈现出以下特点。

(1) 从交往对象上看,大学生交往范围不断扩大

由于当前大学生学习、生活方式的变化,大学生的交往对象由教师、亲人、同学的范围逐渐扩大,开始跨年级、跨学院交往,部分大学生的交往活动甚至走出校园,出现广泛的社会交往活动。在这一过程中,主要有以下两方面特点:一是大学生在交往过程中,往往会根据各自不同的交往程度和兴趣爱好,结成或松散或紧密的交往圈,并且以寝室为核心向班级、学院、学校逐渐扩展,逐渐形成开放的人际交往网络;二是其交往对象随年级增长而呈现阶段性变化。低年级学生以同学间交往为主,但随着年级增长,高年级学生因为受到考研、就业等不同的现实选择影响,出现了明显分流现象,同学间交往呈下降趋势,与父母、亲友、校外人员的交往成为大学生交往活动的主要方面。

(2) 从交往形式上看,大学生的现实交往向虚拟交往延伸

新时期,伴随网络技术的快速发展,越来越多的大学生已经表现出依赖

于通过网络虚拟交往来寻求内心满足的发展趋势,大学生的虚拟交往范围逐步扩大,成为现实交往的重要延伸。随着电子邮件、网络寻呼、网上聊天室、电子公告板、微博虚拟社区、从视频、直播的发展,学生的交往范围也在逐渐向更为广阔的空间拓展。大学生喜欢网络交往主要是因为网络中的虚拟空间会给他们一个相对宽松的社交环境,网络社交帮助学生缓解现实生活的压力、满足好奇心,寻求一种角色转换,与此同时,网络交往通过文字、图像、视频等方式来交流信息、表达情感,其交往方式往往更容易被大学生所接受。

(3)从交往动机上看,大学生交往行为中精神追求和现实需要并重

从整体上看,大学生学习发展目标大体相似,大多数学生的交往主要建立在情感需求基础上,但由于受到社会多元化思潮的影响,大学生的交往动机也逐渐呈现精神追求与现实需要并重的基本特征。一项调研显示,在当前大学生交往活动中,最为主要的交往动机表现为"欣赏他人个性""发展共同爱好""共同学习生活"等方面。从年级差异上来看,低年级学生由于尚未形成很好的人际网络,加之相对陌生的生活环境带来的孤独感,促使他们在交往中除了以共同的精神追求为交往基础之外,更侧重"结伴学习生活"这一现实需求。高年级学生已经逐步适应了大学的学习生活方式,独立、自主意识增强,对于人际交往的精神需求加强,他们更注重共同的价值观念和人生理想。但同时,伴随就业、考研等现实性问题的出现,高年级部分学生愈加注重人际关系对自我未来发展的实用性,在注重共同的兴趣基础上,部分大学生的交往动机也明显呈现出实用性倾向。

(二)大学生交往行为的管理与引导

1. 积极引导大学生树立正确的交往观念

当代大学生的交往活动逐渐走出校园、走向社会,交往环境日趋复杂。由于大学生生理、心理处于逐渐成熟阶段,人生阅历和人际交往经验不足,往往因为缺乏科学的交往观念,而造成人际关系紧张。因此在大学生交往行为的管理引导过程中,首先应该帮助大学生确立基本的交往原则、交往规范,帮助其形成正确的交往观念,引导大学生在交往活动中,明确平等尊重、团结互助、诚实守信等基本行为规范,遵循《高等学校学生行为准则》

的基本要求，树立符合社会主义核心价值观的科学交往观。

具体来说，要从以下几方面开展教育引导。一是将弘扬优良传统与弘扬时代精神相结合，在大学生当中广泛宣传社会主义荣辱观、《公民道德实施纲要》中人际交往的基本规范，树立文明交往典范，鼓励大学生通过民主讨论、辩论演讲等方式，在体验过程中受到熏陶，促进大学生认同接受正确的交往观念；二是从日常生活中入手，坚持将日常行为规范渗透到大学生学习、生活的各个环节，在寝室、班级形成互帮互助、团结友爱、积极向上的交往环境，从而引导大学生共同构建和谐向上的人际交往环境；三是通过典型案例，帮助大学生了解错误交往观带来的危害，有力批评见利忘义、损人利己等背离社会主义核心价值观的错误言行和丑恶现象，帮助大学生明辨是非，引导他们积极抵制错误的交往观念和交往行为。

2. 积极开展交往训练，在交往实践中有效提升大学生的交往能力

大学生交往训练，就是以提高大学生交往能力为宗旨、促进大学生社会化为目的的一种教育形式。作为教育管理者必须帮助学生树立正确的交往目的，选择正确的交往对象、鼓励学生参加各种交往活动，提高他们人际交往的信心。要强化交往实践训练，引导大学生塑造出个性化的交往技巧，在表达能力、认知能力和控制能力等方面不断加强锻炼，从而提高其对于人际关系的感受、适应、协调和处理能力。一般来说，交往实践的训练可以通过两方面进行：一方面可以通过积极组织丰富多彩的校园文化活动，加强同学之间的交流和沟通，通过丰富多样的学生群团组织让学生体会不同的社会角色，使学生能够有意识地进行交往，引导学生尽可能扩大自己的交往接触面，有意识地、主动参与交往活动，主动与他人建立社交关系，从而在具体的交往环境中，学习基本的礼仪知识、交往策略，不断在体验中获得交往经验；另一方面可以着力强化班集体、宿舍、社团等学生交往载体建设，营造良好的群体交往环境，通过群体的健康氛围来影响个体学生的交往心理，进而通过群体的整体带动为其创造交往机会，提升其人际交往能力。

3. 建立大学生交往冲突的预防和处理机制

大学生人际交往行为中，预防和处理交往冲突是做好交往教育引导工作

的重要一环。由于大学生的人际交往活动具有隐蔽性和不可预测性等特征，实际工作中必须建立有效的交往冲突预防和解决机制，才能有效保障大学生交往行为的正常进行。

要积极建立预防机制，对于学生人际交往冲突进行针对性预防与引导。首先，应广泛关注大学生的日常思想动态，及时发现存在人际交往困难的学生，对于大学生中容易出现的交往问题进行早期预测预警，通过发现和识别潜在的或现实的不稳定因素，有针对性地采取防范措施。如针对大学生人际交往及时开展教育引导和案例教育，帮助学生正确认识交往冲突，了解正确处理冲突的方式方法；其次，应充分拓展师生交往渠道，充分发挥辅导员、学生干部、学生党员的力量，建立起网状的学生观测点，对于具有人际交往问题的学生多给予关注，及时进行心理疏导，将日常交往中容易出现的矛盾冲突化解在萌芽状态。

交往冲突发生后，要妥善化解和处理学生的交往矛盾。针对学生的交往冲突，教育管理者应保持理性，迅速找出双方形成交往冲突的内在原因，帮助学生疏导交往中的压力和问题，进而做好交往引导，提供疏导交往冲突的渠道。常见的办法主要包括以下方面：一是当冲突微不足道或双方需要时间恢复情绪时，应针对冲突双方采取冷处理，缓解双方情绪，克制冲突升级；二是针对冲突升级，并造成人身伤害或财产损失时，应依据相关学校管理规定，视情节给予警告、记过甚至开除学籍处分，对于造成严重后果的，可报送司法部门依法进行处理。此外，教育管理工作者应及时准确上报冲突双方信息，通过学校相关主管部门采取适当的方式进行教育引导。

五、大学生消费行为管理

（一）大学生消费行为的类型与特点

1. 大学生消费行为的基本类型

当代大学生消费形式多样，但是按照不同的消费目的与消费内容，大学生消费行为主要包括学习消费、生活消费、交际消费、文化消费等多种类型。

(1) 学习消费

一般来说，大学生在学习方面的支出所占比重较大，其中包括学费、教材费、辅助性学习资料消费等。近年来，考取各种资格认证在一定程度上成为了大学生学习消费的新领域。除大学英语四、六级证书、计算机等级证书外，逐渐兴起的职业技能鉴定部门组织的证书考试，如导游资格证、心理咨询师资格证也占有一定比重。此外，韩语、日语、西班牙语等第二外语培训，雅思、托福考试也成为大学生学习消费的新项目。

(2) 生活消费

大学生用于衣、食、住、行等方面的生活消费一直是大学生消费的主要方面，具体包括饮食、交通、服装、饰物、生活用品等。随着社会生活水平的提高，大学生生活消费中用于满足基本生存需要的比重逐渐降低，在消费时更加注重生活质量的提升。

(3) 交际消费

近年大学生用于在校与人交往联络的交际消费支出日益增多，成为大学生消费行为的主要类型之一。大学生群体思维活跃、个性鲜明、交流广泛，加上社团和兴趣小组组织开展的文化活动，使大学生交际活动日趋频繁而多样，其交际消费在整个支出中的比重也有所增加。

(4) 文化消费

文化消费是指大学生用文化产品或服务来满足精神需求的一种消费，包括教育、文化娱乐、体育健身、旅游观光等方面的消费。这种消费活动实际上是对学生精神生活需要的满足，对于大学生来讲必不可少且非常重要。

2. 大学生消费行为的主要特点

(1) 消费内容多样化

受我国经济发展水平的影响，改革开放初期，大学生的消费主要是用于满足生活消费，其余部分也多会用来购买学习相关用品和自己喜欢的书籍，用于娱乐和享受的费用相对较少，大学生自身具备充足的消费时间和便利的消费条件。但是随着经济的迅速发展，市场消费产品丰富，大学生群体的消费观念也发生了变化。大学生群体的消费不再局限于满足日常学习和生活，文化消费和精神消费额度逐渐提升，消费内容日趋多样化。

（2）消费水平两极分化

由于各自家庭经济条件的不同，大学生的消费水平呈现出很大差异。经济条件相对优越的大学生每月生活费高，而家庭经济困难学生的生活费则很低，且绝大多数困难学生没有交际消费和娱乐消费。这种消费结构上的两极分化不仅是大学生思想观念、学习观念、生活观念在消费行为中的具体反映，在某种程度上也体现了社会生活中的现实差距，这种现实差距会深刻地影响大学生的心理成长。大学生彼此之间有着深刻影响，消费水平的现实差异很可能使大学生之间产生对立效应，进而产生一些消极的对立行为，高校学生管理工作者对此应予以重视。

（3）消费合理性与盲目性并存

一方面，大多数学生能够在消费活动中充分发挥自身主观判断能力，在消费过程中认真思考，通过一定的比较后，从实际需要出发进行合理的选择，能够在消费活动中做出理性的决策。另一方面，由于目前大学生的大部分生活经费主要由家庭供给，但家长对于大学生在校期间的消费信息缺乏了解，难以对学生消费行为进行明确限制，加上部分学生缺乏理财观念和能力，在消费时具有一定的盲目性，出现了盲目消费和过度消费，甚至引发负债消费的问题。高校学生管理工作者要准确把握这些问题，不失时机地引导学生树立理性的、科学的、长远的消费观念。

（二）大学生消费行为的管理与引导

1. 进行分类教育，引导大学生树立正确的消费观念

高校教育管理者应该从大学生的消费观这一源头入手，培养学生勤俭节约、艰苦奋斗的价值观念。不同经济条件和年级阶段的学生的消费行为存在一定差异。大学生管理者应加强分类教育，提升教育的针对性，引导大学生树立科学的消费观念。在大学生群体中，学生的消费水平差异日趋扩大，迫切需要针对不同层次的消费群体，开展针对性教育。对于经济条件相对较好的学生，倡导积极的消费文化，通过志愿服务、社会实践等途径锻炼这一部分大学生，使他们在实践中提升生活品位，树立追求丰富的精神生活的观念，引导着眼于未来的发展型消费。针对经济条件较差的大

学生，应该鼓励他们自强自立，为他们提供更多的勤工助学岗位，同时发挥榜样示范作用，在学生中选取勤俭节约、逆境成才的典型，通过"身边人讲述身边事，身边事影响身边人"的形式引导学生树立科学正确的消费观念。

2. 提供理财指导，提升大学生科学规划消费行为的能力

学会理财是大学生能够独立自主生活的重要条件之一，进行理财指导，其核心是引导教育大学生合理分配生活中的各种费用，发挥最大效益。高校教育管理者应从和学生生活息息相关的内容入手，帮助大学生形成科学的理财意识，鼓励他们更多关注自主成长和职业发展的需要，增加发展型消费的比例。一方面，进行理财规划指导。引导学生每个月做好消费计划，量入为出，科学合理消费。控制自己每月的消费上限，并能够详细记录每一笔消费，为自己建立一个计划性强且富有弹性的消费习惯，不盲目攀比、超前消费。另一方面，引导学生提升发展性消费比例。开展消费行为认识活动、自我理财方法指导，帮助大学生正确分析自我消费需要的种类、层次，合理分配用于生存、享受和发展等方面的消费支出。引导学生根据自己实际情况，提升学习消费等发展性消费的比例，提高消费结构中的文化、教育含量，从而实现最大的消费效益，满足自身成长成才的需求。

3. 多渠道约束和监督大学生消费行为，形成教育合力

大学生的消费行为是大学生个人与环境交互作用的结果。虽然大学生消费具有较强的自主性，但学校内外的环境也会对其消费行为的方向和方式产生重要影响，因此要整合学校内外的各种教育资源，多渠道引导大学生理性消费。从学校来看，为了维护正常的教学秩序和保证大学生的健康成长，要从制度上做出明确的规定，如从公寓管理的角度限制大学生因娱乐而晚归或不归的行为，明令禁止抽烟酗酒行为等；从家庭教育来看，加强父母对子女教育的参与，学校应设法为家长提供教育、沟通的渠道，及时通报学生在校情况。父母不应该只是教育经费的提供者，也应该扮演引导和帮助孩子成长成才的角色；从社会氛围来看，营造健康向上的消费文化，为大学生理性消费创造条件，从舆论上反对拜金主义和享乐主义；从学生自身来看，充分发

挥学生自我管理能力，引导班集体、寝室等学生主要生活群体通过制定学生消费行为准则等方式，促使学生对消费行为进行自我监督、自我约束，养成健康文明的行为方式和生活习惯。

六、大学生网络行为管理

（一）大学生网络行为的类型与特点

1. 大学生网络行为的类型

随着网络技术的迅速发展和计算机在大学生群体中的普及，大学生的网络行为种类繁多，按照行为目的划分，主要有以下四种类型。

（1）学习型

学习型指利用网络流量信息获得学习资源的行为类型。由于网络信息资源传播快速便捷、传播量大，大学生通过网络获取学习资源的行为方式不再受时间、空间等客观因素的约束，可以极大满足学习需求。获取学习资源成为大学生网络行为的首要内容。

（2）休闲娱乐型

休闲娱乐型指以休闲娱乐为目的而进行的网络行为。随着网络功能的多元化发展，大学生可以利用网络平台交流情感、获得信息、课余消遣。大学生网上休闲娱乐的方式主要有在网络上浏览新闻消息、阅读休闲娱乐性网络作品、参与网络游戏、聊天交友、在线视听等。

（3）交往型

网络交往主要包括两种情况，一是通过上网寻求人与人之间的相互关心、相互理解和相互尊重，以爱情和友谊的表达为主要话题。主要方式有网上交友、网恋等；二是通过网络倾诉、转移和宣泄自己在现实生活中产生的心理压力，获得一定的心理治疗效果。主要方式有通过聊天软件向网友倾诉自己的不快等。

（4）电子商务型

甲子商务型指以创业、盈利为目的，在网络环境下进行开设店铺、网上购物、在线电子支付等各种交易活动、金融活动和相关的综合服务活动的一种新型的网络行为。如大学生在"淘宝网"等电子商务网站上，开设网店、买卖商品等行为。

2.大学生网络行为特点

(1) 虚拟性强,现实性弱

虚拟性是互联网的主要特征。互联网具有信息丰富、交往隐匿等特点,可以有效突破和改变大学生在现实社会人际交往中时间、空间上的局限性,有助于拓展社会关系。作为网络虚拟世界里的一员,大学生可以用虚拟的形象出现,按照自身的意愿来设计自己在网络上的形象和语言,以便广泛地融入不同的社会群体,其行为呈现出很强的虚拟性。同时,部分大学生在虚拟的网络世界中,虽然能够暂时摆脱现实生活的压力和烦恼,获得一定的认可度和满足感,但这只是通过特殊网络环境使人产生的错觉,并非真实存在,故其行为又呈现出现实性弱的特征。一旦大学生长期沉溺于虚拟的网络世界中,容易引发各种心理问题,影响现实交往能力,对个体的个性发展、人格完善以及身体健康都会产生不利影响。

(2) 开放性强,规范性弱

互联网的发展有效缩短了信息传播的时空距离,使每个大学生都可以通过网络自由获取信息资源、自主表达思想观念,满足自己在学习、生活、交往等方面的需求。大学生作为青年群体愿意接受新的事物和观点,尝试新颖的生活方式,自由、开放、平等的互联网环境为其提供了这样的机会。因此大学生的网络行为表现出开放性强的特征。与此同时,目前对于大学生的网络行为尚未形成统一的规范标准,加之网络环境中身份的虚拟性,部分大学生不能有效约束自身言行,因此大学生的网络行为又呈现出规范性弱的特征。

(3) 自主性强,判别力弱

网络环境中丰富的信息内容和高速的信息传播改变了大学生传统的学习方式和生活方式。大学生在网络上可以充分自主地选择和吸纳信息,能够充分发挥自身的智慧和潜能,激发自身的能动性和创造力,并且不断形成自主接受新知识、新技能的行为习惯,这充分肯定了学生的主体性地位,使其行为具有极强的自主性。但由于大学生置身于复杂的信息环境中,社会思潮多元并存,网络信息质量水平参差不齐,如果面对过多虚假、不良信息,思想尚未完全成熟的大学生容易受到误导出现道德迷茫、信仰缺失等问题，使道德判断及价值取向出现模糊化、极端化、利益化倾向。因此大学生的网络行为易呈现出判别力弱的特征。

（二）大学生网络行为的管理与引导

1. 强化网络教育阵地建设，积极弘扬主旋律

《中共中央国务院关于进一步加强和改进大学生思想政治教育的意见》指出："要全面加强校园网的建设，使网络成为弘扬主旋律、开展思想政治教育的重要手段。要利用校园网为大学生学习、生活提供服务，对大学生进行教育和引导，不断拓展大学生思想政治教育的渠道和空间。"具体来说，教育管理工作者应清醒认识网络等新媒体技术的积极作用，积极完善网络教育阵地建设，不断强化正面引导。一方面善于利用现有一些深受学生喜爱的网络载体，传播社会主流思想意识、强化网络互动与成才指导，增强教育管理工作的针对性和感染力；另一方面应主动学习并利用先进信息技术，加快学院、班级、寝室的网络信息化建设，建设一批有特色、有吸引力、有影响力的综合性教育网站，打造集教育性、服务性、趣味性于一体的网络教育新阵地。

2. 强化网络素养教育，提升大学生自我教育、自我管理的综合能力

尽管大学生的网络行为会受法律法规及道德规范的制约和影响，但想要其形成良好的网络行为规范，最终还需要不断提升大学生网络自律意识。对高校教育管理工作者而言，首先，要着重加强学生的自我教育，通过采用价值澄清法、角色扮演法等方式，培养大学生自省和批判意识，提高其判断能力，以此来构建"网络的第一道防火墙"。其次，积极帮助学生正确比较、分析、辨别网络信息，帮助学生学会识别不良网络信息，并有针对性地开展网络安全教育，提高大学生安全防范意识，从而引导大学生自觉规范网络行为。此外注重对于学生不良网络行为的心理疏导，通过面对面谈心、朋辈帮扶等方式，帮助学生通过自身努力，逐步克服网络"上瘾"、寻求刺激等错误行为习惯，转变自身价值观念和网络心理状态，提升其在网络中的自我约束能力。

第二节 大学生群体组织管理

一、大学生群体组织管理概述

(一) 大学生群体组织的内涵

《辞海》中,对"组织"的解释是"按照一定的目的、任务和形式加以编制","也指编制的集体",是"组织的形式或组成部分之间的关系"。组织行为学将"组织"定义为"组织是为了达到个体和共同目标而一起工作的人的集合。组织之所以存在,是因为它能够满足人们日常生活和社会活动的种种需要"。管理学认为"就组织特定的内涵而言,组织是按照一定的目的和形式而构建起来的社会集团"。组织"为了满足自身运作的要求,必须要有共同的目标、共同的理想、共同的追求、共同的行为准则以及相适应的机构和制度"。巴纳德将组织定义为"有意识地加以协调的两个或两个以上的人的活动或力量的协作系统"。归纳起来,可以将大学生群体组织界定为两个或两个以上具有某种相似性特性的大学生为了实现一定的目标,按照某种特定的方式联系在一起开展活动的群体。

大学生群体组织的产生是大学生内在心理需要和教育目标、教育规律相互作用的结果。大学生内在心理需要主要体现在情感交往的需求、获得认同感的需求和实现自我发展的需求三方面。一是情感交往的需求。大学期间学生的交往需求比较迫切,渴望与他人交流,希望得到同龄人的关注以摆脱初入学时的孤独感,希望通过突破原有的个人生活、学习圈子,拓宽视野,丰富自己的生活,因此大部分大学生对于参加集体活动非常积极,这也是大学生群体组织形成的一个重要原因。二是获取认同感的需求。大学生希望能在学习、生活和交往等方面显示自己的才能,发挥自己的作用,得到社会和他人的认可。学生组织通过开展各种比赛、表彰活动等,为学生提供认识并实现自身价值的机会,从而满足学生获取认同感的需要。三是学生自我发展的需求。伴随着社会进程的加快,社会竞争越来越激烈,大学生从入学开始就意识到未来考研、就业的压力,这种危机意识使其自我提高的要求增强。学生组织开展各类培训、竞赛的目的都是为了培养大学生的能力和素质。学生通过参与活动可以锻炼能力、提高素质，实现自我发展。

大学生群体组织有多种分类方式。根据大学生群体组织的组织机构完整性和紧密性，可将大学生群体组织分为正式群体组织和非正式群体组织；根据大学生群体组织存在真实与否，可以把大学生群体组织分为假设群体组织和实际群体组织；根据大学生群体组织的目标和性质，可以把大学生群体组织分为政治型群体组织、学习型群体组织和兴趣爱好型群体组织等。本书中，我们选取正式群体组织、流动群体组织、生活群体组织等特定的学生群体组织进行深入探讨。

(二) 大学生群体组织的特点

1. 相似性

大学生群体组织一般都是由年龄相仿的学生人群组成，他们在成长环境、思想、心理和目标上都有一定的相似性。首先，大学生群体组织成员接受的教育程度相当，这就决定了他们具有相同或相似的认知水平和思维方式；其次，大学生群体组织成员处于同一个年龄段，思想、心理特点较为相似，在一些基本问题的认识上存在着相似性；再次，大学生群体组织中的大多数成员有着相近的理想和目标，追求个人专业知识的丰富和综合能力的提高，追求良好的工作和学习、深造机会；最后，大学生群体组织之间虽有不同的组织形式和特定的组织目标，但在最根本的发展方向和成长目标上是相似的。

2. 年轻化

同其他社会组织相比，大学生群体组织的成员大多处于青年期，精力充沛，思维活跃，加上大学生自身逻辑思维、抽象思维能力逐渐提高，个人价值追求和个人能力提升的目的明确，在学习、生活等方面会表现得较为积极和活跃。但与此同时，年轻化也带来了发展过程中的不确定性。大学生正处于世界观、人生观、价值观确立的关键时期，受到社会多元价值观念和社会多种复杂问题的影响，会表现出价值判断和情绪波动的不稳定性。加上大学生群体组织成员的流动性强，新成员带来新的思想观念和活力，影响和冲击着组织原有的行为体系，因此大学生群体组织又具有不确定性。

3. 互动性

互动是指个人与个人、个人与群体、群体与群体之间通过信息传播而发生的相互依赖的社会交往活动，是指各种因素之间相互影响、相互促进、互为因果的作用和关系。大学生群体组织的一个重要特征就是互动交往。大学生组织成员的互动交往与其他社会组织的互动交往相比，既有相同点，也有不同点。相同点在于如果大学生组织成员之间不发生任何形式的互动，就不能产生关系，也就不可能形成组织；不同点在于大学生群体的交往互动具有全面性、深刻性等特征。大学生处于相对自由的环境中，社会关系比较简洁、清晰，他们在学习、实践的过程中逐渐主动地走到一起，交流、讨论，形成互动。大学生之间的接触和交往程度、交流内容涵盖大学生生活的各方面，比如学习探讨、思想沟通、娱乐休闲、工作交流、生活互助等。与社会其他组织相比，大学生群体组织的互动是更全面的互动。同时，大学生是大学校园活动的主体，是各类学生组织的组织者、管理者和参与者，在参与组织活动和管理团队的过程中，要求大学生彼此信任、详细分工、密切合作，因此交往和互动更为深刻。

4. 文化性

高校的文化建设在社会文化的发展中具有重要的引领作用。在这种背景下形成的大学生组织，其文化特征应是高品位、高知识含量的。大学生组织成员是由高学历成员组成的，他们学习科学知识，掌握科学技术，这从知识层次上体现了大学生组织的高品位文化特征。同时，伴随高校素质教育的推行以及大学生自我价值的实现需求，大学生提高自我素质的自觉性和主动性不断加强，聚合成高素质水平的大学生组织，这也体现了大学生组织的文化特征。

(三) 大学生群体组织的管理

大学生群体组织管理是指高等学校的领导及管理人员，为实现高等学校学生群体组织的培养及管理目标，按照国家的教育方针和各项政策法令，科学地、有计划地组织、指挥、协调群体组织内部的各种因素，包括人、物、时间、信息等，并对其进行预测、计划、反馈、监督。

马克思说过："一切规模较大的直接社会劳动或共同劳动，都或多或少地需要指挥，以协调个人的活动，并执行生产总体的运动——不同于这一总体的独立器官的运动——所产生的各种一般职能。一个单独的提琴手是自己指挥自己，一个乐队就需要一个乐队指挥。"在这里马克思清楚地说明，管理行为是任何组织都不能缺少的，只有通过有效地管理才能让个人及群体的活动得以协调进行，达到预期的目标。大学生群体组织管理工作是大学生管理工作的重要组成部分，是体现学校管理工作水平高低的重要标志。近年来，随着我国高等教育事业的不断进步，对大学生群体组织的管理越来越被重视。但是我们还应该清醒地看到，随着大学生群体组织数量和组建形式的增多，在管理工作中不可避免地会存在一些不足。如管理者观念保守，缺乏对群体组织文化的认同；管理方法的改变滞后于信息手段的丰富；管理机构不完善、对群体组织管理目标不明确等。面对这些新形势、新特点，大学生群体组织的管理工作者需要与时俱进，更新管理观念，提升管理技能，努力实现学生群体组织管理工作的系统化、现代化、规范化和科学化。要加强对大学生群体组织的思想政治教育管理，引导大学生群体组织树立正确的价值取向；创新大学生群体组织的行为管理，适应大学生群体组织行为的发展变化趋势；完善对大学生群体组织的制度管理，引导大学生群体组织走向规范化；加强对大学生群体组织管理的研究，探讨如何使大学生群体组织的教育与管理工作更加科学化。

二、大学生正式群体管理

(一) 大学生正式群体的内涵及特点

1. 大学生正式群体的内涵

大学生正式群体是大学校园内相对稳定的学生群体组织形式，主要包括学生党组织、学生团组织、班集体、学生会等群体。

学生党组织设立党总支、党支部、党小组等，高校学生党组织是党在高校的基层组织的重要组成部分，是党在高校保持战斗力的重要基础。《中共中央国务院关于进一步加强和改进大学生思想政治教育的意见》中提出"要发挥党的政治优势和组织优势，做好大学生思想政治教育工作"，明确指出了党组织在大学生思想政治教育工作中的重要地位和作用。

学生团组织在学校党委领导下开展工作，主要有团委、分团委、团总支、学生团支部等，学生团组织是联系青年学生的重要纽带和桥梁，是党的助手和后备军，是青年学生团员的忠实代表。团组织的性质决定了其在全面推进大学生素质教育、培养合格人才工作中肩负着责无旁贷的历史责任。

班集体作为学校教育教学的基本单位，是学生共同成长的重要组织，它以健全的组织形式对成员发挥着管理功能。班集体有明确的规章制度、有健全的管理机构，学生在现实生活中的许多问题都是通过班级来解决。班集体作为高校在校学生的基本组成形式，还发挥着教育功能，其凝聚力是一股无形的、强大的力量，对班集体成员起着激励和约束的教育作用。良好的班风对每一位学生的价值观念、行为规范、学习风气等方面都有着潜移默化的引导作用。

高校的学生会组织是在学校党委的领导和学校团委指导下的学生群众性组织，是全校学生利益的代表。学生会是联系和沟通学生与学校党政部门的重要桥梁和纽带，以营造良好的学术氛围、增强校园文化底蕴为工作重点，进行自我教育、自我管理和自我服务。同时，学生会还是学校有效开展校务管理，实现学校育人目标的重要依靠力量。根据《中华全国学生联合会章程》要求，高校学生会要"遵循和贯彻党的教育方针，组织同学开展学习、科技、文体、社会实践、志愿服务等多种活动，促进同学全面发展；维护校规校纪，倡导良好的校风、学风，促进同学之间、同学与教职员工之间的团结，协助学校建设良好的教学秩序和学习、生活环境；组织同学开展勤工助学、校园公益劳动等自我服务活动，协助学校解决同学在学习和生活中遇到的实际问题；沟通学校党政与广大同学的联系，通过学校各种正常渠道，反映同学的建议、意见和要求，参与涉及学生的学校事务的民主管理，维护同学的正当权益"。可见，学生会是大学生正式群体的重要组成部分。

2. 大学生正式群体的特点

大学生正式群体具有健全的组织机构，完备的组织制度，具有很强的凝聚力。正式群体是思想政治教育的重要载体和依靠力量，是沟通学校和学生的桥梁和纽带。大学生正式群体表现为以下几方面的特点。

(1) 具有较强的方向性

大学生正式群体是为了完成某一特定功能而建立起来，具有较强的方向性和目标性。例如，学生党团组织是上级党团组织为了实现对基层党员、团员进行有效管理而建立的组织，它具有很强的政治色彩，承担了传播主流价值观以及党的路线、方针、政策，有效贯彻党的政治主张、基本路线和基本纲领等政治任务。班级是为了完成大学学习功能而形成的群体，其基本功能是接受教育或学习。学生会是为了促进学生自我教育、自我管理、自我服务而统一建立的自治组织。因此，相对于其他群体来讲，正式群体的目标更加明确，方向性更强。

(2) 具有较强的规范性

大学生正式群体基本属于"科层制"管理模式，即组织有极其严格的规章制度和等级制度，下级服从上级是基本的组织纪律，具有较强的规范性。学生党团组织要遵循党章团章以及学校基层党组织的相关规定和要求，在学校党委及其职能部门、校团委和院系党团组织的领导和指导下开展工作。班集体作为高校管理的基本单位，有健全的管理制度，规范着班级管理的各个基本环节和学生的基本行为规范。学生会虽具有一定的自治性，但直接接受党团组织的指导，具有严格的章程、科学的机构设置、明确的工作要求和严格的考核制度。较强的规范性确保了正式群体及时、有效地贯彻落实党的方针政策和学校的制度规范、发展要求。

(3) 具有较强的凝聚力

从行为科学角度看，凝聚力是指群体对成员的吸引力和成员之间的相互吸引力，既包括群体对其成员的吸引力，又包括成员对群体的向心力。大学生正式群体和群体成员之间也有着很深的感情和很强的凝聚力。党团组织以马克思列宁主义、毛泽东思想、邓小平理论、"三个代表"重要思想、科学发展观和习近平新时代中国特色社会主义思想的科学性和先进性凝聚人，以优秀党员、优秀团支部干部的良好形象凝聚人。它的凝聚力体现在党员、团员和普通学生对党团组织的忠诚和拥护。班集体主要通过良好的班风和班级文化来凝聚人，其凝聚力体现在学生能够形成很强的集体主义观念。学生会主要通过和谐健康、积极向上的文化氛围和学生自我管理的有效实现凝聚人,其凝聚力体现在学生对学生会组织活动的认可度与参与度上。

（4）具有较强的先进性

与其他组织不同,正式群体在选拔、考核、晋升学生干部时都把学习成绩、工作能力,以及生活、学习作风作为一个必要条件,学生干部的选拔、培养是一种先进模式。这使得正式群体成为优秀学生汇聚的组织团体。

（二）大学生正式群体的管理与引导

1. 以思想建设为核心,加强正式群体的先进性建设

加强正式群体的思想建设,主要是在正式群体中普及以社会主义核心价值观为主要内容的理论思想,加强正式群体对重要时政内容的深入了解,加深对世界局势和国情社情的认识,提升成员的政治理论素养。加强正式群体思想建设的具体实施方法可以包括以下几点:一是通过理论学习增强正式群体的先进性。党团组织要定期开展政治理论学习,班级要通过班会等形式定期宣传党和国家的重大时事和政策,学生会组织要通过定期组织讲座、培训增强学生会干部的政治敏感度和政治鉴别力。二是通过制度建设保障正式群体的先进性。在加强正式群体思想建设的过程中,高校的教育管理工作者要强化全程监督和效果反馈,以保证思想建设目标的实现。要建立健全管理制度,如班级管理制度、学生会管理制度、财务管理制度、物品管理制度等,规范正式群体学生的基本行为规范和管理的各个基本环节;要建立健全制度运行机制,将正式群体的发展纳入学校教育管理的环节之中;建立健全正式群体的竞争和激励机制,如优秀学生干部评比、优秀党员、团员评比等;建立健全制式群体的考核和评价机制,如学生干部量化考核机制、学生干部职务晋升机制等。通过积极推进正式群体的制度建设,提升管理效率,促进正式群体的健康发展。

2. 以学生自我教育为重点,充分发挥正式群体的朋辈效应

"朋辈效应"是指具有相同背景,或是由于某种原因具有共同语言的人在一起分享信息、观念或行为技能,以实现教育目标的教育方法。朋辈之间鸿沟小,防御性低,共通性大,互助性高,具有先天的优势。由于正式群体中的核心成员大都是学生中的优秀分子,这为朋辈教育活动的开展奠定了坚实的基础。一是重视正式群体中学生骨干人才的培养,强化典型示范作用。

学生骨干在正式群体的管理中扮演着重要角色。他们处于大学生管理教育的第一线，是开展各种学生活动的策划者、组织者、实施者和参与者。学生骨干一般具有良好的群众基础，发挥着先锋模范作用，能够通过自身感染同学。高校教育管理工作者要善于发挥骨干群体的示范作用，积极创造普通同学与他们交流的机会。如组织先进事迹报告会、学习经验交流会、表彰大会等活动。以骨干学生的先进思想和典型事迹引导学生反思，把社会对人才的要求转化为受教育者的自我要求，从而实现学生的自我教育。二是依托互助小组等组织形式，搭建朋辈间交流互助平台。大学生处于同一个年龄段，彼此之间有更多共同语言，容易实现良好的沟通和互动。通过在班集体中设立学生心灵使者、贷款联络员等形式，搭建朋辈间相互影响、彼此帮扶的桥梁，并以此为依托提升群体成员自我认识、自我监督和自我评价的能力。

3. 以活动创新为导向，增强正式群体的生机活力

保持大学生正式群体的生机与活力是其持续发展的前提。开展形式多样、内容丰富的创新性活动能够在激发学生学习和生活热情的同时，增强正式群体的生机与活力。一是创新组织管理模式。注重激发学生的主体意识，培养学生的综合素质能力，引导学生改变以往依赖指导教师组织开展活动的方式，鼓励学生根据专业特征和兴趣，自主选择、创新活动内容和活动形式。将传统"自上而下"的强行推进，变为"自下而上"共同推进，充分发挥学生的积极性和创造力。二是创新活动内容。开展活动是正式群体的主要行为方式之一，活动内容的创新，有助于改善活动质量，实现活动目标。在开展活动的过程中，既传承经典又紧扣时代主题，选择新形势下的新内容是活动内容创新的重要方向。三是创新活动形式。高校教育管理者要始终坚持理论联系实际的原则，有意识地引导学生改变以往较为枯燥的带有强制性、约束性等特征的活动形式。通过加强学习、广泛调研等方式积极探索、借鉴新型的活动组织形式，增强活动的新颖性，增加对学生的吸引力和感染力。例如，开展学生党支部"八荣八耻"知识竞赛等。也要善于组织实践活动，引导学生在实践中长才干，进而带动正式群体的不断成熟和发展。

三、大学生流动群体管理

(一) 大学生流动群体的内涵及特点

1. 大学生流动群体的内涵及类型

大学生流动群体,是指一种非正式群体,是广大同学依照共同的兴趣、爱好,自愿组成的开展文化、科技、体育、文艺等方面活动的群众团体。大学生流动群体自20世纪80年代初在大学校园内蓬勃兴起,在一定程度上满足了大学生在学习、生活、交往等方面的需要,在推动校园文化建设,优化成才环境,提升学生素质等方面发挥了重要作用。从类型上来看,大学生流动群体是以学生社团为主体,以临时组建的项目型群体和老乡会等自由组织为补充的群体。

2005年1月,共青团中央、教育部共同下发《关于加强和改进大学生社团工作的意见》,明确界定了大学生社团的地位和作用:"大学生社团是由高校学生依据兴趣爱好自愿组成,按照章程自主开展活动的学生组织。高校学生社团活动是实施素质教育的重要途径和有效方式,在加强校园文化建设、提高学生综合素质、引导学生适应社会、促进学生成才就业等方面发挥着重要作用,是新形势下有效凝聚学生、开展思想政治教育的重要组织动员方式,是以班级年级为主开展学生思想政治教育的重要补充。"大学生社团可以分为不同的类型。按照活动开展形式和成员参与目的,可将社团大致分为理论学习型社团、学术科技型社团、兴趣爱好型社团、社会公益性社团等类型。理论学习型社团是以成员的理想信念、志向相同为基础而建立起来的社团,是以时事政治活动和政治理论学习为主要内容的团体,如"学党章、学马列"、邓小平理论研究会、"三个代表"重要思想学习研究会、习近平新时代中国特色社会主义思想学习研究会等。这类社团聚集了大批品学兼优的学生,他们有共同的政治观点和政治态度,思想道德素质处在相同或相近的水平上。此类社团是大学生世界观、人生观、价值观教育的重要载体。学术科技型社团,一方面是指围绕专业学习,进行学术研讨、学术交流的学生社团,通常以讲座、研讨会、组织比赛等形式开展活动,如英语俱乐部、文学社、普通话交流协会、读书交流协会、文化交流协会等。另一方面指以科技活动为纽带，如计算机爱好者协会、电脑协会，计算机俱乐部等。兴趣爱好型社团，以学生兴趣爱好相同为基础，为满足学生发展的心理需要，丰富学生的课余文化生活而成立的，这类社团涵盖范围广泛，活动形式活泼，活动趣味性强，涉及文学、体育、文艺、语言、影视等多方面，如记者团、书法协会、动漫协会、摄影协会、书面协会、武术协会等。现在一些"流行社团"也不断涌现，如美容协会、动感手机俱乐部等。社会公益性社团，这类社团是指运用自己已掌握的知识和技能进行活动，主要以服务社会、承担社会责任、锻炼自我为目的，通常以操作性较强的实践活动为主要活动方式，如环境保护协会、红十字协会、"三农"问题研究社等。这类社团成员能够自觉奉献社会，为社会弱势群体提供服务，在服务中培养爱国主义精神，体现人文关怀等。

项目型群体是指为了解决某一问题、完成某个任务而临时组建的短期的团队群体，待问题解决、任务完成后该群体便会解散。项目型群体同具体的项目目标直接联系。当今大学校同里存在的项目型群体主要有学生工作室、科研团队、创业团队等几种类型。

此外，老乡会等自由组织也是流动群体的组成部分。老乡会是大学生流动群体的另外一种特殊形式，它是以地理方位为界线，以相同的语言和习俗为基础，以乡情为纽带而自发形成的一种非正式组织。成员之间互利互信，在乡情乡音的感召下，坦诚交往。老乡会在很大程度上满足了特定学生群体的交往需求，缓解了学生因远离家乡而产生的陌生感和孤独感。

2. 大学生流动群体的特点

大学生流动群体是广大学生按照某一共同喜好而自愿组成的群众性团体。在其建设和发展过程中存在着组建及运转的自主性、类型及内容的多样性、成员参与的广泛性及组织结构的松散性等特点。

（1）组建及运转的自主性

现代高等教育逐渐改变了过去重知识传授、轻能力培养，重课堂统一教学、轻课外知识拓宽的传统教育模式，强调尊重学生的个性发展，促进学生的全面发展，以适应市场经济对人才的多样化需求。在这种教育理念和教育模式下发展起来的流动组织，因充分尊重和体现学生的主人翁意识，备受学生欢迎。学生在组织的组建及运转中有较强的自主性，群体组织的负责人自愿承担发起和组建工作，承担着确定发展方向、内部管理和活动设计等方面的工作，学生按照自愿原则加入组织、参与活动。学校和指导教师只负责宏观指导。以学生社团为例，社团组织的成员皆为有着某一共同爱好的大学生，他们自愿加入组织，组织的日常活动完全是依据组织目标，由成员自行策划、组织和实施的，具有高度自主性。这类组织有利于培养和激发学生自我教育、自我管理、自我服务的意识和热情，有利于培养学生的主人翁精神。

（2）类型及内容的多样性

网络时代信息技术的快速发展极大地拓宽了学生获取知识和信息的渠道，这促使学生对精神文化有了更高的需求。简单的食堂—教室—宿舍"三点一线"式大学生活模式已不能满足新时代大学生的需求。大学生流动群体的产生和发展，使之呈现出活动类型多种多样、活动内容丰富多彩的特点。以社团为例，近年来，高校社团除了传统的体育、文艺、科技和社会公益等类型，还出现了如网络虚拟社团、跨校社团等新型社团。社团活动内容涉及政治理论学习、科学技术探索、文化娱乐体验、志愿服务开展、社会实践考察、创业技能提升等更多方面，社团的组织形式和活动方式也各有特色，既符合学生需求又新颖独特，充分体现了新时代流动群体的特点。不同类型、不同层次的活动在一定程度上满足了广大学生求知和施展才能等多方面的需要。

（3）成员参与的广泛性

丰富多彩、形式多样的组织活动为广大学生提供了充实的课余生活和展现个人才能的多种渠道。不同年级、不同专业、不同性格、不同民族的学生都有机会选择参与到流动群体组织的活动中来。目前各高校都有很多学生社团，不仅在校园内影响力很强，在校园外也产生了很大影响。

（4）组织结构的松散性

大学生流动群体作为学生自愿组织、自愿参加的群众性群体，对成员的约束力不强。具体体现在以下几点：一是组织管理方式的松散性。多数流动群体与学校行政部门间没有明显的隶属关系，而是保持关注和指导的关系，因此流动群体往往缺乏有利的场地、资金和政策的支持，缺乏及时有效的指导；二是组织成员的不稳定性。大学生群体关注的内容广泛，其兴趣爱好也很容易发生转移。如果对某一流动群体的主要活动内容失去兴趣，就会选择离开。反之，如果某一热点问题受到广泛关注或某一行为方式流行起来，相关流动群体就会出现生机勃勃的景象。此外，由于群体成员覆盖面较大，各种性格的人群聚集，容易使组织的内部产生分化、矛盾和冲突，也会影响组织的稳定。

（三）大学生流动群体的管理与引导

1. 科学管理、重点扶持，促进流动群体的可持续发展

实现大学生流动群体的良性健康发展需要运用科学的管理理论和方法，并坚持管理与扶持相结合。对流动群体实施科学管理，可以从以下几方面入手：一是要严把组织入口关。以学生社团为例，成立学校社团联合会，充分发挥学生社团联合会的组织管理和服务功能。学生申请成立社团，首先要按照相应规定向社团联合会提出书面申请，明确提出社团的宗旨、章程、负责人等。社团联合会要严格审核各项资质、认真履行审批手续。二是要加强对负责人的管理。负责人是组织的领导核心。组织活动的方向、质量及目标的实现都与负责人的决策和影响紧密相关。要选聘德才兼备的学生担任负责人，定期考核，有计划地组织培训，不断提高其政治素质和工作水平。三是要加强对活动的管理。为保证活动的质量，可鼓励流动群体采用项目管理形式开展各项活动，这对鼓励学生积极参与活动、锻炼其能力和提高活动质量与效率，都会发挥积极作用。高校应该重视流动群体的积极作用，关注、重视其建设和发展，并给予重点扶持。具体来讲，一方面鼓励思想觉悟高、业务能力强的教师做流动群体的指导教师；另一方面改善学生社团的办公条件和活动条件，添置必要设备和物资，通过组织的力量帮助学生社团解决一些实际困难，为学生社团工作的有效开展创造有利条件。

2. 提升格调，打造品牌，营造高品位的组织文化

组织文化通常是指一个组织在长期发展过程中将其成员凝聚结合在一起的行为方式、价值观念和道德规范的总和。与文化配合的管理才可称之为卓越的管理。引导大学生流动群体营造高品位的组织文化是大学生教育管理工

作的高层次要求。创建积极健康、高雅向上的组织有助于学生受到文化的感染和熏陶,更为明确地参与组织活动。

引导大学生流动群体营造高品位的组织文化主要包括两方面的内容:一是结合学校传统,凝练形成特色组织文化。每所高校都有自己独特的建校背景和发展历史,也有着个性化的办学理念和育人目标,这是校园文化的基础。大学生流动群体组织文化的建设可以结合学校培养目标与办学特色,打造品牌活动,营造健康向上、积极进取的文化氛围。例如,在师范类院校中依托以提升学生教师技能为目的而创办的社团开展教师技能大赛等活动。二是树立精品意识,打造品牌群体组织。大学生流动群体要真正树立自己的品牌,需要通过提升成员素质、开展精品活动、加强舆论宣传等多方面来实现,通过打造一批如"三下乡"暑期社会实践等被广大学生熟知,具有传承性和现实意义性的精品活动,进而促进组织品牌的形成。

基于此,学校可以在群体中引进竞争机制、奖励机制和淘汰机制。以学生社团为例,由学生社团联合会统一制定详尽的考评细则,定期对社团进行综合测评,根据测评成绩,分别进行各类别社团的内部排名及校内总的排名,激发同类别社团及跨类别社团间的竞争,用良性竞争促发展。对于测评结果优异的学生社团进行奖励和表彰,对于没有开展活动能力或者不具备运行条件的社团予以淘汰。通过以上三种机制的综合实施,进一步促进学生社团纵向发展,增强学生社团存在的意义,提升社团品味。

3. 立足校园、面向社会,将流动群体打造成素质教育新平台

大学生流动群体是校园文化建设的重要力量,高校教育管理者可以充分利用流动群体自身的优势,立足校园、面向社会,打造素质教育新平台。一方面,引导大学生流动群体将活动开展与学生专业学习相结合。大力开展与所学专业结合比较紧密的社团学术活动,促进学生专业学习,完善知识结构,提高专业素养。另一方面,指导学生社团等流动群体开展与日常学习生活相关的主题鲜明、内容丰富、形式多样的社会实践活动,使学生既在社会实践的过程中体会理论的指导作用,及时发现自身的不足和问题,同时又在实践中不断丰富和发展理论。鼓励社团之间加强交流与合作,推出跨校际联合活动,实现社团的优势互补和资源共享,促进社团的发展,扩大高校学生

社团的影响力。利用社会的广阔舞台和丰富资源，来充实学生社团活动的内涵，达到最后从学校走向社会、服务社会的目的。此外，随着经济全球化的快速发展、国际互联网络的广泛应用，学校要鼓励学生社团和世界各国高校学生社团加强联系，扩大社团的发展空间，通过交换信息、交流经验，展示中国高校学生社团的风采讲好中国故事，传递中国力量，宏扬中国精神，同时学习外围社团的经验促进自身的发展。

四、大学生生活群体管理

（一）大学生生活群体的内涵及特点

1. 大学生生活群体的内涵

大学生生活群体，是以生活区域和范围划分的学生群体。生活群体是大学生入学时，根据院系、专业、年级、班级等条件自动生成的，可以按生活园区、公寓楼、楼层、寝室等划分。其中寝室是生活群体的基本组织形式。目前高校学生大约有一半的时间是在寝室中度过的，有些班级、组织甚至将日常管理教育和娱乐活动也搬到寝室中来开展。学生寝室中的管理教育功能对学生确立正确的人生观、树立远大的理想具有十分重要的作用。

2. 大学生生活群体的特点

（1）以寝室为中心

学生寝室是大学生日常生活主要区域，以生活园区、公寓楼、楼层等划分的生活群体都是以寝室为基本单位而形成的，并围绕寝室这一中心发挥其功能。一方面，寝室是大学生离开家庭后的新居所，寝室成员成为大学生最初和最基本的共同生活对象。进入大学，青年的生活由中学时期以班级或者小组为中心转为以寝室为中心，成员之间的关系由天南地北完全陌生变为同处一室朝夕相处。大学生进入高校后，通过军训期间的生活接触，寝室成员相互熟悉和了解的程度大于任何其他群体成员，再加上对周围环境的相对陌生，寝室成员自然成为大学生最初和最基本的共同生活对象。另一方面，大学生常以寝室为单位进行各种活动和交往。随着大学生活的进行，大学生的生活交际网不断扩大，由于寝室内部成员的行为保持较高的一致性，使得寝室通常是作为一个单位进行各种活动和与外界交往，这在大一、大二年级表现得更为突出。大学生往往根据自己和寝室其他成员的需要，集体参与大学生活中的活动，比如"联谊寝室"、文体活动等。

（2）稳定性强

稳定性主要体现在三方面：一是群体成员的构成上比较稳定。寝室成员自入学之日起，一般要共同生活到毕业，较少有人员的流动。在大学的学习生活中，寝室同学之间认识最早，接触最多，了解的时间最长，内容也最广泛，成为相对固定的群体。二是群体学习生活状态相对稳定。寝室原则上是根据学生学习和生活的需要所确定的，其成员在大学学习生活过程中，有共同的理想和相对一致的学习目标。寝室同学每天一同去教室上课、去图书馆读书，因此也具有相对一致和稳定的生活状态。三是群体成员关系相对简单。寝室中的组织结构大多是由寝室长负责一些具体的事务，没有复杂的组织机构，也没有复杂的人际关系，不存在"等级""层次"等划分，寝室成员之间的关系一般变化不大。

（3）归属感强

生活在同一寝室的大学生由于朝夕相处，成员之间一般都会建立起一种经常、持续的互动关系，其交往程度更为深刻。寝室成员一般会受寝室文化影响，在无意识中将群体意识通过心理系统与自己有的思维方式、价值观念和行为模式等发生交互作用，进而表现出相对一致的外部特征和行为方式。一般情况下，寝室成员所面对的问题和困难基本一致，能够形成心理上的认同和归宿。群体成员大多能互相帮助，在学习和生活中共同进步。

（二）大学生生活群体的管理与引导

1. 以归属感提升为重点，提高生活群体的责任意识

一般来说，归属感是指一个个体或集体对一件事物或现象的认同程度，并与这件事物或现象发生关联的密切程度。提升大学生对所处环境的归属感，会有助于其形成良好的人际关系、乐观向上的精神状态和积极的学习态度。要使生活群体成员拥有良好的归属感，一是要培养成员热爱集体，乐于为集体奉献和关心他人的良好品质。有关的心理学研究证明，成员在群体内的社会关系越好，对环境的满意程度越高。在一起居住的时间越长，参与的活动越多，对群体的归属感也就越强。在管理中，引导学生共同参与集体活

动，加强学生彼此间的沟通与交流，促进成员间团结协作，关爱互助，激发学生热爱寝室、关注集体、参与建设的热情。二是赋予学生自我管理的权利。鼓励大学生参与相关管理政策的制定与管理过程的监督，激发学生参与管理的积极性，提高其自我管理能力。如以民主程序决定寝室自治章程、寝室生活规定。

2. 以文化建设为载体，增强生活群体的能力素质

以寝室为主要载体，加强大学生生活群体的文化建设，对于大学生的成长成才，创造积极向上、健康文明、关爱互助、充满生机的学习和生活环境，具有重要的现实意义。一方面，强化文明寝室建设。通过加强学生宿舍管理，规范学生基本行为，引导学生养成文明生活习惯，树立当代大学生的良好风范和形象，营造一个良好的成长成才环境。具体操作中，除硬件设施建设外，还包括软环境建设，如营造寝室独特的环境氛围，倡导文明健康的言行举止，消除寝室内不文明、不道德的现象等。另一方面，开展文化含量高的课余活动。引导学生在寝室成员间、寝室与寝室间开展以互助交流、文化学习、社会实践等为主要形式的文化、体育、科普、教育、娱乐等互助活动，融思想性、教育性和娱乐性于一体，培养学生形成认同及发展组织文化的意识。

3. 以制度建设为保障，促进生活群体良好行为习惯的养成

伴随高校学分制教学改革和后勤管理服务社会化发展，科学化、规范化成为学生生活群体管理的发展趋势。在新时期管理工作中，建设系统、科学的管理制度对于促进学生生活群体行为习惯的养成具有重要作用。一是要坚持"以学生为本"的制度建设理念，完善制度建设要以学生为本，在制度制定过程中尊重学生生活群体的需要，鼓励学生全面参与，积极采纳学生意见，确保科学论证制度的合法性与合理性，保证制度在管理、服务中充分发挥教育功能。在制度执行过程中，尊重学生的各项权利，尊重学生的发展需求，保障学生的合法利益。二是构建教育、管理、服务功能互相配合的制度体系，建立以寝室安全及卫生管理办法、定期查寝制度等体现管理性的制度；建立以寝室文明公约、学生轮流值日制度等体现学校教育和学生自我教育的制度；建立高校学生政工干部入住学生寝室制度，强化服务与管理的有

效结合。各高校应结合自身实际，因地制宜，充分发挥制度规范在促进生活群体良好行为习惯养成方面的保障作用。

五、大学生虚拟群体管理

（一）大学生虚拟群体的内涵及特点

1. 大学生虚拟群体的含义和类型

大学生虚拟群体是指发生在网络中的社会聚合，主要是以网络为平台，依托网络在线软件、手机 APP 等形式形成的兴趣相同、思想相近的大学生群体组织。

随着信息技术的发展，计算机网络已逐渐成为当代大学生必不可少的交流工具，甚至已成为大学生的一个生存空间。当越来越多的大学生通过互联网聚集、融合并付诸行动形成规模，大学生网络虚拟群体便形成并不断发展壮大。目前，互联网上大学生虚拟群体的种类繁多，影响较大的有以下几个类型：交流分享型网络虚拟群体，以交流交友为目的，实现协同合作、资源互惠，并常常延伸到现实社会；学习服务型网络虚拟群体，某种程度上讲是一个学习型组织或志愿者团队，他们花费很多的精力学习与挖掘具有价值的网络资源，再将这些资源共享到网络媒介上，供他人使用，为他人服务；劳动获利型网络虚拟群体，重要标志是以互联网为平台，凭借自身的技术和信息等优势，付出劳动赚取酬劳，例如替他人编写程序、制作软件等。

虚拟群体在大学生发展的过程中发挥着非常重要的作用。一方面，网络虚拟群体为大学生提供了崭新的交流场所，丰富了获取信息的渠道，并进一步满足了大学生的情感需求，对大学生的学习、人际交往以及个性成长都有一定的积极促进作用；但是另一方面，网络虚拟群体的发展也带来了一些消极影响，虚拟的环境容易使大学生沉溺其中，使其在现实生活中的人际交往越来越困难，影响正常的学习、交往和生活。加强大学生网络虚拟的思想教育和管理已经引起党和国家的高度重视，中共中央、国务院《关于进一步加强和改进大学生思想政治教育的意见》明确指出："要高度重视对学生生活园区、学生公寓、网络虚拟群体等新型大学生组织的思想政治教育工作。"

2. 大学生虚拟群体的特点

(1) 虚拟性

在网络平台上，尽管信息本身是确定的，但是网络信息巨量特征和信息传递的超时空等特征，使得信息的传播目的、意义和情感并不清晰明了，表现出虚拟性的特征。网络的这种虚拟性必定会反映到以网络为平台的大学生虚拟群体中，虚拟群体的成员在交往的过程中经常以某种虚拟的形象和身份沟通、交流。群体成员的交往活动和一般社会行为相比，没有特定的物理实体和时空位置，这些都使得网络虚拟群体中人与人之间的关系不稳定，人际交往也因此存在着潜在的不确定性。但是，网络群体的虚拟性却有助于沟通者成就感的体验，即人们都渴望在沟通中建立良好的人际关系，体会到或多或少的成就感。在虚拟的网络交往中，没有实际利益的竞争、没有生存压力，可以凭借自己特有的一技之长赢得组织成员的认可，一定程度上可以弥补生存压力下，社会激烈的竞争带来的人际挫折感。

(2) 自由性

自由性是大学生虚拟群体的重要特征之一。作为一个自发的信息网络组织，虚拟群体本身不隶属于任何成员、任何机构，加之校方的管理也不如对现实学生社团那么严格，网络组织有更高的自由度。但是，虚拟群体高度的自由性同时也造成了一些负面影响，由于目前网络世界中监管与执行力度还很有限，对大学生虚拟群体成员的行为形成的约束力不强，某些成员可能会通过虚拟群体传播不良信息，甚至进行违法犯罪活动等。这是大学生管理工作者在虚拟群体管理中必须重视的问题。

(3) 开放性

网络的开放性、无中心性等特点决定了网络虚拟学生组织的组织结构更加扁平化，组织边界比较模糊，组织成员之间则更加平等。在这样的组织中，成员能够充分表达意愿、实施行为，现实生活中大学生之间人际关系的好坏、经济条件的差异和性别等因素都不影响其在虚拟群体中的交流与交往，平等、开放、独立、进取这些现代社会所要求的品质都在网络组织中得到充分体现。此外，由于网络组织可以不受时空等物理条件的限制，其成员不仅可以是在校生，也可以包括已经毕业的校友，这使得网络虚拟群体成员呈现一定的复杂性，为管理带来了一定的困难。

（二）大学生虚拟群体的管理与引导

1. 加强虚拟群体的网络管理

虚拟群体主要是以网络为平台聚合形成的群体组织，加强网络管理是做好大学生虚拟群体管理工作的一个重要内容，对大学生的健康发展和成长成才具有重要意义。一是加强网络管理制度建设。如实施"实名上网"制度，通过网络后台动态管理虚拟群体的网络活动。建立和完善规范的上网用户记录留存、信息巡查及有害信息报告等制度，实现对网络行为的管理约束。二是做好校园网络上的有害信息专项清理整治工作，重点放在校内网站电子公告栏、留言板、聊天室等交互式栏目中。应实行"先审后发"制度，对网上有害信息进行全天检测，及时发现和删除各类有害信息，进行规范化的网络管理。三是把握虚拟群体发展动态，强化教育引导的及时性和针对性。高校学生管理工作者要善于运用多种手段和方式及时掌握虚拟群体的基本情况。除了在日常生活中了解学生的行为动态，学生管理工作者可以组织学生党员和学生干部，或者管理者本人以普通参与者的身份加入虚拟群体，及时了解虚拟群体的情况和信息，对可能发生的问题提前开展教育工作，对已经出现的情况做好控制工作。

2. 加强虚拟群体的现实教育

目前，虚拟群体受到的约束力较弱，部分虚拟群体成员会出现一些诸如信仰迷茫、道德观混乱、网络成瘾等新问题。这些问题会直接映射到现实中，冲击着大学生在现实生活中的思维方式和行为方式，影响其成长成才。虚拟群体的现实教育工作亟待加强。一方面以活动为载体强化对虚拟群体成员的教育引导。通过设计开展一些主题明确、形式多样、内容丰富的教育活动，引导虚拟群体成员坚持主流价值观念，内化社会道德规范，促进群体不断增强自我管理、自我约束的能力。另一方面丰富和完善现实生活中大学生实体组织的功能。随着我国现代化建设的发展和社会的转型，大学生表现出多方面的诉求，大学生实体组织某些功能的缺位，使得部分群体的诉求得不到有效满足。这是虚拟群体产生的原因之一。大学生实体组织应该提供适应和满足学生多种需求的平台，高校教育管理者应抓住学生的心理特征，完善组织职能，组织开展符合大学生实际需求状况的活动。这也是通过现实教育方式引导虚拟群体健康发展的重要途径。

3. 加强虚拟群体中意见领袖和示范性网络群体组织的培育

培育虚拟群体中的意见领袖。意见领袖，也称舆论领袖，是指在信息传递和人际互动过程中少数具有影响力、活动力，非选举产生。一方面高校管理教育工作者要将虚拟群体中已有的意见领袖逐渐培养成政治素养高、坚持主流价值观念、自主参与意识较强、具有很强影响力的学生中的先进分子，使其正确引领整个群体的发展方向。另一方面有意识地将优秀学生党员、学生干部培养成为虚拟群体的意见领袖，使其在虚拟空间内进一步发挥榜样示范作用。对意见领袖在关键问题、关键事件上成功的影响作用，学校应有意识地给予赞扬和支持，进一步扩大其威信和影响力。

培育示范性的网络群体组织。高校管理教育工作者要打造以网络班级和网络社团为核心的一批思想先进、内容丰富、吸引力强、覆盖面广的示范性网络群体组织。通过开展优秀网络群体组织评选活动，选拔对校园文化建设和大学生成长成才等起到积极作用的网络班级和网络社团，选择有感染力、说服力的典型，深入挖掘、充分宣传，鼓励优秀网络群体组织引领和带动其他组织向着健康积极的方向发展。同时，学校应支持网络群体组织的建设，为优秀的网络班级和网络社团创造条件，提供更大的发展空间，促进其健康良性发展。

第三节 大学生安全和资助管理

一、大学生安全管理

（一）大学生安全管理概述

1. 大学生安全管理的内涵

（1）大学生安全管理的含义

"安全"一词在《现代汉语词典》里有三层含义：第一，没有危险；第二,不受威胁;第三,不出事故。"无危则安,无缺则全"体现着人们在安全理解上的传统观念。安全是一个历史的范畴,具有时代的特性,在不同时期和历史条件下,人们对安全有着不同的理解和要求。

大学生安全管理是指管理者根据社会的要求,针对大学生群体特点,有计划、有组织、有目的地对大学生实施安全教育及管理,妥善处理各类安全事故,以保障高校稳定和大学生安全,最终达到引导大学生全面健康成长的目的。大学生安全管理已由以往单纯地强调校园安全管理向以建立教育、管理和事故处理一体化的服务体系转变,逐步成为以培育安全理念,提高安全素养,增强安全技能,促进大学生的全面健康发展为目的的安全管理活动。

(2) 大学生安全管理的特点

与其他安全管理相比,大学生安全管理有以下三方面的特点。

一是青年性。大学生安全管理的对象是青年大学生,因此,大学生安全管理是针对青年大学生特点的安全管理。当代大学生思想活跃,独立性强,有创新精神,对周围的事物,特别是新鲜的事物和知识反应迅速。同时,也应看到,大学生普遍存在着安全意识淡薄、社会经验不足、防范能力较差等特点。大学生安全管理更加注重通过对青年大学生在校期间的日常学习、工作和生活的教育及管理,培养大学生正确的安全意识和良好的安全行为,在发挥青年大学生自身优点和长处的同时,帮助和引导大学生养成良好的安全行为习惯。大学生安全管理的青年性特征也体现在大学生安全管理的内容、形式、方法和途径随着青年大学生在不同时代、时期的特点而不断地创新和发展。

二是群体性。大学生安全管理是对大学生学校生活这个特殊的群体性生活环境的管理,是对青年大学生这一同质性群体的管理,具有明显的群体性特征。通过加强对寝室、教室、实验室、图书馆等涉及学生学校生活各方面的常规安全管理,保障大学生在校期间的人身财产安全,维护学校正常的教学和生活秩序,有效地排除其他社会生活环境中的不良因素对大学生学校生活的干扰,为大学生创造一个良好的学校生活环境。

三是教育性。大学生安全管理在对大学生学校生活进行常规安全管理的同时,也在对大学生进行着安全方面的训练。少数大学生疏于建立日常生活安全意识，缺乏基本的安全常识和技能，这给大学生学校生活以及其他社会生活带来很多的隐患，不利于大学生健康成长。管理本身也是一种教育，大学生安全管理是大学生积累日常生活经验的重要途径。大学生安全管理要充分发挥其育人功能，以促进大学生全面健康成长。

大学生安全管理有以下四方面的任务：一是宣传、贯彻国家安全管理工作的有关方针、政策、法律和法规。大力开展宣传教育活动，以校内外活动为有效载体，对大学生开展形式多样的安全政策和法律法规的教育活动，贯彻和落实国家安全工作精神，使大学生树立起安全意识。二是开展安全教育。利用各种渠道对大学生开展安全常识教育和安全技能培训，使大学生了解日常安全防护知识，具备日常安全防范技能。同时，注重对大学生开展早期的职业安全教育，结合专业特点，对大学生开展有针对性的职业安全教育和培训。三是进行日常安全管理。做好大学生日常安全管理工作，加强安全防范，维护正常的教学和生活秩序，保障大学生人身和财产的安全，维护校园安全稳定。四是安全事故的处理。建立健全规章制度，严格管理，明确责任，对出现的大学生安全事故进行及时、有效地调查和处理，做好应急预案，提高应急反应能力，控制事态发展，减轻伤害和损失。

2. 大学生安全管理的意义

（1）大学生安全管理有利于大学生自身安全素质的提高

安全素质是人们完成某种任务所必需的基本条件和能力。良好的安全素质既包括掌握基本的安全知识和安全技能，又包括在安全知识和安全技能基础上建立起来的安全意识和安全观念。大学生安全管理是提高大学生自身安全素质的有效途径。大学生安全管理是对大学生在校生活的管理，与大学生学习、生活紧密相连。通过各种管理活动，对大学生开展安全教育和管理，有意识地培养良好的安全行为规范，能够使大学生在参与活动中掌握相应的安全知识和技能，进而内化为自身的安全意识和观念，指导行为实践。

（2）大学生安全管理有利于新时期高校改革和发展

近年来，随着高校办学规模的不断扩大，招生人数的不断增多，多校区办学模式的形成，高校安全管理工作面临着很多的挑战。相对开放式的校区如何有效地管理，学生住宿相对分散如何及时排查安全隐患，学生交通安全如何保障等安全问题需要大学生安全管理工作积极主动地做出反应。因此，作为高校安全工作的一项重要内容，大学生安全管理是随着高校改革和发展而不断发展的，已成为新时期高校改革和发展的重要内容之一。因此，只有正确地对待和处理好大学生安全管理问题，才能保障高校改革和发展的顺利进行，才能及时解决高校改革和发展中出现的大学生安全管理方面的新情况和新问题，才能形成合力，不断提高服务学生的能力和水平，促进大学生健康成长。总之，大学生安全管理是新时期高校改革和发展的必然要求，有着重要的理论和现实意义。

（3）大学生安全管理有利于社会的安定与和谐

学校的健康发展和稳定对经济社会的稳定和发展有重要的影响。在当前加快改革开放，全面建成小康社会的形势下，学校安全工作更显得尤为重要。大学生安全管理作为高校安全工作的重要组成部分，承载着管理和育人的功能。加强大学生学校生活的管理，为大学生在校学习和生活提供一个良好的生活环境，有利于维护学校正常的教学生活秩序。对大学生安全事故的处理，特别是对涉及大学生的突发公共事件，如突发公共卫生事件、突发自然灾害、突发恐怖袭击等事件的应急管理和处理，有利于充分保障大学生人身财产安全，有利于高校稳定与发展，有利于社会的安定与和谐。

（二）大学生安全管理的内容

1. 大学生安全管理的基本内容

（1）大学生安全教育

安全教育作为安全管理的基本内容之一，是事故预防与控制的重要手段。安全教育是通过各种形式的教育和培训，努力提高人们的安全意识和安全技能，使人们学会从安全的视角观察问题和审视问题，用所学到的安全技能去处理问题的教育活动。安全教育的内容非常广泛，一般而言，大学生安全教育包括安全知识教育和安全技能培训两个部分。安全知识教育包括法律法规的教育、安全常识教育、早期职业安全教育，以及心理健康教育。安全技能培训包括日常安全防范技能培训和早期职业安全技能培训两个部分。与系统的安全理论知识教育相比，安全技能培训针对性较强，注重实践教学环节，着眼于培养大学生的实际动手能力，它的主要目的是使大学生具备在某种特定的环境或条件下安全顺利地完成任务的能力。

大学生法律法规教育，包括以下几方面：基本的法律法规教育，诸如《中华人民共和国宪法》《中华人民共和国刑法》《中华人民共和国教育法》《中华人民共和国高等教育法》等。国家有关安全管理工作方面的方针、政策、法律、法规的教育，诸如《普通高等学校学生管理规定》《高等学校学生行为准则》等。校规校纪的教育，特别是涉及大学生日常行为规范的教育，诸如校园治安秩序管理规定、公寓管理规定、教室学生行为管理规范、宿舍防火制度、学生违纪处分条例有关规定、文明离校有关规定、社团管理条例等。对大学生开展法律法规的教育，能够帮助大学生树立法律观念，形成良好的法律意识，使大学生对学校安全工作有一个总体性的了解，对自身所处的学习、生活环境有充分的认识，对自己在校园安全方面所享有的权利和承担的义务有正确的态度，对自身在事故处理中所承担的责任有清醒的判断。

大学生安全常识教育，主要包括防火、防盗、防抢、防骗、防滋扰、防食物中毒和防止网络犯罪等与大学生学习和生活联系紧密的安全知识教育，目的在于使学生掌握安全防范知识，树立安全防范意识。对突发公共事件的安全知识的教育和普及，是对大学生进行安全常识教育的重点内容。通过对大学生开展突发公共事件的安全教育，使大学生对突发公共事件有全面的认识，掌握在自然灾害、事故灾难、社会安全事故、公共卫生事件等突发公共事件发生时所能用到的预防、避险、自救、互救、减灾等公共安全知识和技能。对大学生开展全面、系统的安全常识教育，能够帮助大学生建立起科学的、实用性强的安全知识体系，有效地保护自身安全和公共安全。

大学生早期职业安全教育也是大学生安全教育重要内容之一。早期职业安全教育主要是开展与大学生所学专业相关的安全教育，教育内容是在大学生实验室安全教育和实习实践安全教育的基础上，更加注重于对大学生走出校园、步入社会后，从事所学相关专业工作时，针对职业领域安全特点而进行的安全知识教育。早期职业安全教育体现着以人为本、终身教育的理念，更加关注大学生的未来安全。早期职业安全教育是提高大学生安全意识和安全素质的重要途径和手段。

大学生心理健康教育是大学生安全教育的重要组成部分。大学生心理健康问题受多方面因素的影响。学校是大学生学习生活的主要场所，也是大学生产生心理问题的主要影响因素之一。从大学生的角度来看，学习压力的增大、生活环境的改变、就业和考研竞争的激烈等都会导致大学生出现心理安全问题。从学校的角度来说，因教学方法不当、管理不合格、奖评不公等情况的发生也都会给大学生心理带来不良的影响，使学生思想、行为异常，缺乏安全感。因此，在对大学生进行安全教育时，对大学生开展全面的、适时的心理健康教育显得尤为重要。心理健康教育主要包括应对挫折的心理教育、恋爱与性心理教育、人际交往的心理教育、正视学习的心理教育和应对环境和角色改变的心理健康教育以及遭遇突发事件时的心理健康教育。心理健康教育能够帮助大学生了解自身的心理健康状况，掌握调节心理状态的科学方法，指导自身行为实践，保护自身安全和合法权益。

大学生安全防范技能培训，是在安全理论知识教育的基础上，着重培养和锻炼大学生处理实际安全问题的能力。安全防范技能培训主要是通过安全技能的演示、课外实习实践、有组织的应急演练等活动，训练大学生防盗、防抢、防火、防人身伤害以及应对公共突发事件等日常安全防范技能，提高自身防卫能力；早期职业安全技能培训主要针对学生专业领域的安全特点，通过实习实践和专门训练等方式和途径，对大学生开展知识性和预防性的职业安全技能教育和培训，增强大学生职业安全素养和专业知识水平，促进大学生日常安全防范技能水平的提升。

（2）大学生日常安全管理

大学生日常安全管理是指对大学生在校期间的学习和生活过程中所涉及的安全问题进行的管理，主要包括人身安全管理、财产安全管理、消防安全管理、交通安全管理、社交安全管理等。

人身安全是大学生日常安全管理工作中最重要的安全问题。大学生在校期间，威胁大学生人身安全，容易对大学生构成人身伤害的因素主要来自三方面：一是人为因素造成的不法侵害，如打架斗殴、寻衅滋事、聚众闹事等；二是因不可抗力造成的人身伤害，主要指自然灾害，如地震、雷击、山体滑坡、泥石流等；三是因意外事故造成的伤害，如摔伤、溺水、撞伤等。

在大学生日常安全管理工作中，主要从以上三方面着手开展大学生安全管理工作，规范大学生日常行为，防止诸如滋扰事件、伤害事件、人身侵害事件的发生，做好安全事故的预防工作。财产安全是大学生日常安全管理的一项基本工作。财产保护一般分为自力的保护和他力的保护。自力保护是指通过自己的力量，依靠所具备的安全防范知识和技能，对自己所拥有的合法财产采取措施进行保护。他力的保护是指根据国家法律的规定，依靠国家执法机关实现对个人财产的保护。消防安全是高校安全工作的重中之重，任何部门和个人都有预防火灾、维护消防安全的义务。交通安全问题在保护学生安全的工作中处于越来越重要的地位。随着高校办学规模扩大，校区面积的增大，校区和在校学生人数的增多，城市交通发展，以及后勤服务社会化的因素影响，大学生校内外交通安全事故呈现上升的态势。这就需对大学生进行交通安全知识的宣传、教育和培训，明确责任和义务。社交安全问题越来越受到人们的关注。随着科学技术的不断发展，信息化时代的到来，大学生社会交往活动不断增多，影响大学生社会交往安全的因素也在不断增加。这就要求管理者在大学生日常安全管理工作中，加强对大学生社交活动的规范和管理。

（3）大学生安全事故处理

化解矛盾冲突，参与处理有关突发事件，维护好校园安全和稳定，是辅导员的主要工作职责之一。大学生安全事故处理主要是针对在学校实施的教育教学活动或者学校组织的校内外实习实践活动中，以及在学校负有管理责任的校舍、场地，及其他教育教学设施和生活设施内发生的，造成在校学生人身伤害、财产损害等后果的安全事故的处理。安全事故发生后，保护学生和学校的合法权益是大学生安全事故处理的主要目的和原则。大学生安全事故处理主要包括事故的调查取证、事故责任的认定、事故损害的赔偿和对事故责任者的处理四方面的工作。

2. 大学生安全管理的重点工作

高等学校学生安全教育及管理，应以预防为主。在对各类安全事故的预防工作中，尤其要防范涉及教育系统突发公共事件。因此，对校园突发公共事件的预防与控制是大学生安全管理的重点工作。

随着高等教育的发展，影响高校安全的因素增多，各类突发公共事件时有发生。从高校安全工作的角度来说，突发公共事件，是指突然发生，造成或可能造成重大人员伤亡和财产损失，影响高校稳定和大学生安全的突发公共安全紧急事件。与其他安全事件相比，突发公共事件具有涉及范围广、影响时间长、损失程度大的特点，严重地影响着高校的稳定和大学生的安全。因此，预防和控制校园突发公共事件也是大学生安全管理的重点工作，做好校园突发公共事件的防控工作，争取达到重心突出、以点带面，有效地保障大学生的安全，促进其全面健康成长。

当前，影响大学生安全的突发公共事件主要分为以下四类。

社会安全类事件。包括各种非法集会、游行、集体罢餐、罢课、聚众闹事等群体性事件，以及各类邪教活动、各类恐怖袭击事件等可能影响校园稳定和大学生安全的事件。

公共卫生类事件。包括在学校所在地区或学校内部发生、造成或者可能造成大学生健康严重损害的突发公共卫生事件，主要包括食物中毒、预防接种、服药造成的不良反应或心因性反应、传染性疾病以及其他突发公共卫生事件。

事故灾难类事件。包括学校发生的火灾事故、水面冰面溺水事故、建筑物倒塌、校园重大交通安全事故、大型群体活动公共安全事故、拥挤踩踏事故、煤气中毒事故、校园爆炸事故、危险物品泄漏污染事故、后勤安全保障事故、校园周边安全事故、师生集体外出活动安全事故等重大影响大学生安全的事件。

自然灾害类事件。包括在我国发生的水旱灾害，台风、冰雹、雪、沙尘暴等气象灾害，火山、地震灾害，山体崩塌、滑坡、泥石流等地质灾害，风暴潮、海啸等海洋灾害和森林草原火灾等。

为建立和健全防范、指挥、处置各类突发公共事件的工作机制，进一步提高教育系统应对各类突发公共事件的能力，保障学校师生员工生命和财产安全，维护学校正常的教育教学秩序和社会稳定，依据《中华人民共和国突发事件应对法》《国家突发公共事件总体应急预案》《教育系统突发公共事件应急预案》等法律法规，2009年，教育部制定了有关应急预案，对于应急处置的主要原则、工作设置、主要职责、事件等级分类、相应措施以及应急保障和善后处理等做出了明确的规定。

参与处理有关突发事件，维护好校园安全和稳定是高校辅导员的主要工作职责之一。因此，做好教育系统突发公共事件的预防和控制工作，必须认真贯彻落实相关法律法规和有关规定，坚持"安全第一，预防为主，综合治理"的方针，以保障大学生生命财产安全为根本，以落实各类应急预案为基础，以提高预防和控制突发公共事件能力为重点，增强广大学生公共安全意识和防灾避险的能力，提高应急处置工作水平。通过全面加强应急管理工作，最大限度地降低突发公共事件发生的概率及其造成的人员伤亡和危害，维护高校的稳定和大学生的安全。首先，对各类突发公共事件风险隐患进行全面的摸底排查，尤其是在容易引发重大突发事件的特殊时期和阶段。主要途径是深入学生当中去，了解和掌握他们的思想状况，掌握第一手的思想动态信息，针对大学生关心的热点和焦点问题，及时进行教育和引导。同时，深入宿舍、教室、实验室、食堂、图书馆等大学生相对集中的公共活动场所，彻底排查公共安全隐患，以达到预防和控制的目的。其次，对大学生开展有针对性的公共安全知识和应急防护知识的教育和普及活动。通过课堂教学和课外实践活动，充分利用丰富多彩的校园文化活动，组织开展公共安全知识竞赛、公共安全活动月、公共安全讨论交流会和安全文艺演出、演讲比赛等形式，对大学生深入宣传学校各类应急预案，全面普及预防、避险、自救、互救、减灾等公共安全知识和技能。最后，加强日常安全管理工作，有效预防突发公共事件的发生。加强对大学生人身安全、财产安全、网络安全、卫生安全、社交安全、消防安全等方面的日常管理，维护正常的校园公共安全秩序，有效地预防和控制校园突发公共事件的发生。

（三）大学生安全管理的原则

1. 保护学生原则

保护学生原则是指在大学生安全管理工作中，以学生为主体，依据大学生生活、学习和成长的需要，针对大学生的知识结构和年龄特点，开展安全教育和管理活动，保障大学生的人身安全和财产安全，促进大学生的健康成长。保护学生原则充分体现了高校以人为本的办学和管理理念。对大学生安全的保护要靠管理,这种安全管理不是消极、被动的管理,不是为了管理而管理、出了事故才管理,而是积极、主动的管理,是充分了解学生安全需要、针对大学生群体特点的管理。因此,贯彻保护学生原则,应注重研究群体与群体之间、群体与个体之间、个体与个体之间的关系问题。贯彻保护学生原则,应把个体教育与群体管理结合起来。在重视个体的主体地位,突出大学生安全管理对个体的教育职能的同时,注重对群体的管理职能发挥,并将两者有机地结合起来。同时,还要充分发挥和调动大学生的主体性,使大学生切身体验到大学生安全管理工作对自身发展的重要性,把外在的教育转化为大学生自身的个人安全意识,组织他们积极参加各种安全教育活动,实现自我教育和自我管理,并最终转化为自己良好的行为习惯。

2. 教育先行原则

教育先行原则就是在大学生安全管理中,注重发挥安全教育的预防作用,通过课堂教学和课外实习实践,利用各种宣传、教育活动,使大学生掌握安全知识和安全技能,明确安全管理的重要性,理解安全防范的重要意义,自觉地参与到安全教育和管理活动中来。大学生安全管理工作要以预防为主,而做到预防为主,就必须以教育为先导,通过安全教育,使大学生充分认识预防工作的目的和意义,以此来使大学生充分认识安全工作。在大学生安全管理工作中,认真贯彻落实教育先行原则,重视安全管理中的教育工作,使安全教育充分发挥其预防作用,帮助大学生树立起正确的安全防范意识,掌握安全常识,具备安全防范技能。避免安全教育形式化、表面化,从预防为主的安全管理工作重心出发,来理解教育先行原则,高度重视大学生安全教育工作。教育先行原则还应重视对大学生安全技能的培训,克服单纯注重安全知识教育而忽视安全技能培训和实习实践的思想和倾向。

3. 明确责任原则

明确责任原则是指在大学生安全管理中,建立健全岗位责任制,完善大学生安全管理的队伍建设,实行责任追究制度。贯彻明确责任原则,有利于调动各方面积极因素做好大学生安全管理工作,有利于大学生安全管理应急机制的建立,有利于建立健全规章制度,加强队伍建设,实现严格管理。贯彻明确责任原则,能够在大学生安全管理中实现自上而下的合力,由主管部门牵头，各有关职能部门分工协作，积极配合，明确各自责任，具体组织实施安全教育和管理工作，使大学生安全管理工作制度化、法律化、长效化。贯彻明确责任原则，能够把责任与权利结合起来，既明确了责任，又充分重视各安全职能部门的各负其责问题，做到责权分明。同时，建立责任评估体系，确立考核指标体系，运用测量和统计分析等先进的方法，对实际效果进行科学的评估。

4. 教管结合原则

教管结合原则就是在大学生安全管理工作中，把安全教育与安全管理两个基本内容有机地结合起来，在充分发挥教育与管理各自的作用的同时，使二者互为条件，相互补充。在安全管理实践中，往往会出现安全教育与管理脱节的现象，贯彻教管结合原则，有利于开展以预防为主的大学生安全教育工作，有利于教育和管理资源的充分利用，使之有机地结合起来，有利于安全管理水平的不断提高。作为教育主体的安全教育和管理工作者，应不断提高自己的安全教育水平，提高安全管理的整体能力，以便更好地贯彻和落实教管结合原则。同时，注意教管结合的工作重心问题，根据不同的时间、地点、不同的工作对象、不同的任务和内容来调整教育与管理的工作重心，做到相互结合，互为补充。

（四）大学生安全管理的实施策略

1. 以宿舍和公寓为重要阵地，做好大学生的安全管理工作

学生宿舍和公寓既是开展大学生思想政治教育的重要阵地，也是开展大学生安全管理的重要阵地。宿舍和公寓是大学生生活的主要场所，也是安全隐患和安全问题相对集中的场所，涉及大学生的人身安全、财产安全、用水用电安全、防火安全、网络安全等。为此，宿舍和公寓是开展大学生安全管理活动的重要场所。

以宿舍和公寓为重要阵地开展大学生安全管理工作，能够使安全管理工作更加贴近大学生学习和生活，贴近大学生真实的安全需要，有利于以更为灵活的方式开展安全知识的教育和普及工作，有利于对存在的安全隐患及时加以处理，有利于引导大学生的思想和行为，促使大学生养成良好的学习和生活习惯。

以宿舍和公寓为重要阵地的大学生安全管理工作，涉及以下三方面。

一是深入寝室，关心学生生活，主动了解学生的安全需要。大学生安全管理工作中，从"想学生之所想，急学生之所急"入手，主动了解学生的安全需要，而不是被动地提供安全教育和服务。了解学生真实的安全需求，需要经常深入寝室，扎实开展教育和管理活动，从关心学生的吃、穿、住、用、行出发，与学生交朋友，融入学生集体生活，得到学生的认可和信赖，这样才能与学生交流和沟通，为他们解决现实学习和生活中遇到的安全问题，帮助他们及时解决安全方面的困惑。只有做到真正关心学生生活，并且主动了解学生的安全需要，才能使学生切身感受到安全管理的重要性，主动参与安全管理活动。

二是严格管理，仔细排查安全隐患。在主动了解学生安全需要的同时，根据学生反映的情况和问题，仔细排查宿舍和公寓存在的安全隐患，特别是关系到学生人身财产安全的隐患，如防火安全问题、用水用电安全问题、公共卫生安全问题等，做到发现一个解决一个，决不麻痹大意。同时，加强对学生宿舍和公寓的安全管理，杜绝学生在宿舍和公寓出现的不安全行为，如酗酒、违章用电、私带外人留宿等，一经发现，根据相应的管理规章制度严肃处理，以达到教育的目的。

三是强化大学生安全管理的思想政治教育功能。思想政治教育工作在帮助大学生树立正确的安全意识，提高大学生的安全素养方面起着重要作用。在大学生安全管理过程中，充分发挥思想政治教育的功能，通过开展形式多样的安全教育活动，引导大学生的思想和行为，如网络安全行为、交往行为、公共安全行为等，从学习和生活的各方面，引导大学生树立正确的安全意识和安全观念，建立集体安全责任感，从自身做起，自觉遵守安全规章制度，正确处理日常学习、工作和生活中遇到的问题，有效地推进大学生安全管理工作顺利开展。

2. 以案例教育为重点，做好大学生的安全教育工作

对学生开展安全事故的案例教育是大学生安全教育工作的有效手段之一。发生在校园内的安全事故案例接近大学生的日常生活，以这些真实的案例开展安全教育，更具有说服力。在安全教育中，对典型的案例深入分析，

弄清事故发生的原因、过程、形式、危害及其规律，能够把安全教育以真实的形态展现出来，往往会给受教育者留下深刻印记，使大学生真正了解在什么情境会出现这种不安全的情况，出现这种不安全情况的原因，一旦发生类似的情况应该如何去面对和处理，如何运用日常所学到的安全知识和技能去解决问题，起到警示和教育作用。通过对安全事故案例的分析，能够使学生直观地认识和理解树立安全意识、具备安全知识和安全技能的重要性。

以案例教育为重点，做好大学生的安全教育工作，必须关注以下几点。

一是建立案例教育库，做好大学生安全事故案例的归档、整理工作。在安全教育中，做到有针对性地开展案例教育，需要辅导员在日常安全教育及管理的过程中，注意收集、整理发生在大学校园生活中的，或与大学生人身财产安全等密切相关的典型安全事故案例，建立案例教育库，积累案例影音、图像和文献资料，认真分析研究案例对大学生安全教育的现实意义，并将其科学、有效地运用于大学生安全教育工作中。做好大学生安全事故处理后的归档和统计工作是开展安全教育，建立案例教育库的有效途径。通过对这些案例的比较分析，能够更好地掌握大学生群体对安全方面的认识水平和重视程度，发现安全教育中的薄弱环节，改进教育工作。

二是根据环境、季节等变化规律，适时地开展案例教育。各类安全事故的发生概率是随着环境的不同和季节的变化、节假日的变化而相应改变的。因此，大学生安全管理应根据环境、季节等相关规律的变化而调整教育及管理的重心。相应地，组织开展案例教育也是如此。有针对性地、适时地设计和组织校园安全教育活动，通过安全知识竞赛、安全知识交流会、安全活动月、专家讲座等形式多样的安全文化活动，开展防盗、防火、防病、防事故的安全案例教育，并使其常态化。这就要求在大学生日常安全管理工作中，注意梳理不同环境、季节、节假日前后安全事故的规律性变化，及时搜集和分析校园安全案例教育的反馈信息，以增强校园安全文化活动和案例教育的针对性、实效性。

3. 以班级和党团组织为依托，引导大学生自我安全教育和管理，实现自我服务

学生班级是学校工作的最基层，是学生的基本组织形式，是学生自我教

育、自我管理、自我服务的主要组织载体。因此，大学生安全管理要充分发挥党团组织在教育、团结和联系学生方面的优势，注重依托班级、社团等组织形式，引导学生自我教育、自我管理、自我服务。对大学生进行安全教育，实施安全管理，实质上是在努力引导大学生树立安全意识，实现自我教育、自我管理、自我关爱和自我服务。因此，大学生安全管理工作注重以班级和学生社团为依托，以充分发挥党支部、团支部、学生会组织的带头作用，为大学生创造和搭建良好的活动空间和平台，使其主动参与安全管理工作。大学生的自我安全管理，是高校大学生安全管理工作的一个重要组成部分，是完善大学生安全管理工作的有效途径。

实现大学生自我安全服务，首先要引导大学生实现自我安全教育。大学生自我安全教育是大学生自我安全服务和管理的良好开始，它使大学生由受教育者、被管理者、受保护者的身份，转化为教育者与受教育者的统一体，能够真正做到从群体和自身的安全需求出发思考安全教育问题。大学生的自我安全教育更贴近大学生实际生活，更有说服力和感召力。通过适时的、有针对性的大学生自我教育活动，支持以班级和社团为单位开展安全教育活动，鼓励开展以安全教育为主题的文艺节目演出、安全知识竞赛、安全知识讨论、安全知识信息交流会等活动，以达到自我教育的目的。

大学生的自我安全管理是在大学生自我安全教育基础上的一种管理活动。通过组织开展群体内部以及群体之间的管理活动，帮助和引导大学生群体开展以班级、年级以及社团为单位的安全管理活动，以达到巩固教育成果、实现自我教育的目标。在大学生安全管理工作中，除了加强对大学生团体组织的引导和管理外，还应注意对大学生自我安全管理组织的培训工作，使大学生团体组织具备相应的安全管理专门知识，知道如何高效地管理。

在大学生自我安全教育和管理的基础上，引导大学生努力实现自我安全服务，有助于培养大学生群体互助意识，培养团队精神，并善于及时发现身边的安全问题和隐患，实现互帮互助、互相交流。通过大学生的自我安全服务，能够加深大学生对安全管理工作的认同，形成人人参与服务、人人共创服务的局面。在大学生安全管理工作中，积极引导和支持大学生自我安全服务活动，充分调动学院、年级、班级及各党支部、团支部和学生会组织带头开展服务学校、服务学院、服务同学的安全服务活动。通过组建大学生安全服务队、大学生安全志愿者协会等大学生社团组织，并为其创造良好的活动空间，使其成为大学生安全管理工作的重要力量。

4. 树立服务学生的理念，妥善做好大学生安全事故的处理工作

强化服务意识，树立服务理念，时时刻刻帮助学生和服务学生是做好大学生安全事故处理工作的出发点和归宿。也只有树立服务学生的理念，才能使学生在发生事故、真正需要帮助的时候能够想到老师、信任学校，能够在第一时间通知相关负责人，而不是发生事故后因顾虑对安全事故责任的追究而谎报、瞒报，不敢告知，也不愿意告知，以至于拖延时间或私自处理，造成更加严重的后果。这些都要求大学生安全事故处理工作做到以学生为本，关心他们的切身感受，关注他们的切身利益，真正树立服务理念，做好大学生安全事故的处理工作。

树立服务学生的理念，妥善做好大学生安全事故的处理工作，主要从以下三方面入手。

一是提高应急反应能力，做到第一时间处理。时间是安全事故处理过程中最为重要的因素之一。安全事故的处理是否及时，直接影响着安全事故损失的大小、影响范围的程度、事故当事人各项权益的保障以及事故责任的认定和追究。因此，在处理大学生安全事故的过程中，必须具备很强的安全事故应急反应能力，争取做到第一时间得到信息，第一时间到达现场，第一时间帮助学生解决实际安全问题。运用快速反应机制，制定事故处理预案，同时，注重发挥学生干部、党员、班委会成员的作用，要求他们经常与老师沟通，在发生安全事故时能够及时上报，以便对大学生安全事故进行及时有效地控制和处理。

二是把学生的利益放在首位，做到妥善处理。学生安全事故的处理要贯彻落实保护学生的原则，把学生的利益放在首要位置，切实保护学生人身财产安全，维护学生的各项合法权益，依照大学生安全事故处理原则和程序，做到公平、公正、公开地妥善处理。在涉及责任的认定和追究时，本着以合理适度、教育为主的原则，在事实认定的基础上，根据有关学生安全管理规定进行合理适当地处理，充分发挥和利用安全事故处理过程中的教育作用，

引导学生认清安全事故的危害，勇于承担对于事故所应负的责任，并且从中吸取事故教训。

三是以学生为本，做好事故处理后的教育工作。安全事故发生后往往会给学生的心理造成很大的压力，带来情绪和思想上的波动。安全事故的追究和处理也会给学生日后的学习和生活造成一定的影响。帮助和引导学生正确面对安全事故所带来的影响，使他们在今后的学习生活中变压力为动力，是日常学生思想教育工作中必须面对的问题。因此，在安全事故处理后，要特别重视对学生的跟踪教育工作，深入寝室、教室，与他们谈心、交流和沟通思想，为他们减轻心理压力，帮助他们正确认识和对待安全事故所带来的问题，引导学生回到正常的学习生活中来。只有以学生为本，认真、扎实地做好学生事故处理后的思想教育工作，才能更加有效地提升安全管理工作质量，做到防患于未然。

5. 扎实开展调查研究，不断探索大学生安全管理的新内容与新途径

高校辅导员开展大学生安全管理工作要定期开展相关工作调查和研究，分析工作对象和工作条件的变化，及时调整工作思路和方法。需要与时俱进，一切从实际出发，实事求是，重视调查研究工作，对影响大学生安全的因素进行及时地搜集、分析和处理，以准确把握大学生安全管理中出现的新情况，根据不同环境和不同学生的特点，不断探索大学生安全管理工作的新内容与新途径。

扎实开展实践调研工作，包括以下两方面。

一是注重对学生网络行为的调研。当前，互联网络已经成为大学生首选的学习和交流的工具。交流方式的不断创新，实时网络语音交流、自助性聊天室、网络直播的出现等给大学生的学习和生活带来很大的便利，这使得他们更容易就喜好和关心的问题相互交换各自的见解和看法。辅导员工作要渗透到大学生的网络生活当中，及时地、有效地引导大学生的网络思想和行为，减少和避免不良因素对大学生安全的影响，特别是公共性突发事件的发生对于学校、社会的安定与和谐的影响。因此，必须注重对学生网络行为的调查和研究，掌握大学生最新网络行为动态，不断探寻大学生网络行为规律。

二是重视对学生社会生活的调研。大学生在校期间的学习和生活是有规律性的学校生活。大学生除学校生活外，还处于家庭生活和社会生活环境中，这些校外生活环境对大学生的成长以及他们的学校生活有着重要的影响。因此，重视对大学生校内外社会生活的调查和研究是做好大学生安全管理工作的必然要求。通过对大学生校内外生活的调研，掌握大学生在其他社会生活环境中的实际情况，分析这些情况对大学生学校生活的影响，及时调整大学生安全管理的思路和方法，帮助和引导大学生更好地适应各种社会生活。在调研中，对大学生社会文化生活的调查和研究是大学生安全管理的重点工作。社会文化生活错综复杂，游戏机房、酒吧、网吧、KTV等娱乐场所往往给大学生的生活带来较大的消极影响。通过访问调查、普遍调查、抽样调查等社会调查方法，力求掌握大学生社会生活第一手资料，在分析、归纳和总结的基础上，梳理社会生活对大学生积极和消极两方面的影响，找到克服不良社会因素对大学生学校生活的影响的思路和办法，以引导大学生正确面对并积极参与社会生活。

二、大学生资助管理

（一）大学生资助管理概述

1. 大学生资助管理的内涵及意义

（1）大学生资助管理的内涵

《中共中央国务院关于进一步加强和改进大学生思想政治教育的意见》指出："要加强对经济困难大学生的资助工作，以政府投入为主，多方筹措资金，不断完善资助政策和措施，形成以国家助学贷款为主体，包括助学奖学金、勤工助学基金、特殊困难补助和学费减免在内的助学体系，帮助经济困难大学生完成学业。"大学生资助管理主要是指以国家教育方针和资助政策为依据，科学合理地统筹、确定、落实、评估各项资助项目，在帮助家庭经济困难学生解决经济困难基础上，注重发挥资助工作的育人功能，全面提升家庭经济困难学生的综合素质，实现资助与育人的有效结合的育人体系。

（2）大学生资助管理的意义

党和政府一直高度重视大学生资助管理工作。新中国成立初期，我国就实行了"免费＋助学金"制度。1986年，改为奖学金、助学金制度。1995年，初步形成了奖学金、学生贷款、特困补助、勤工助学、学费减免等多种资助方式共存的资助体系，较好地满足了高等教育发展需求和学生的资助需求。1999年开始，由于高校扩招和收费并轨，经济困难学生人数急剧增加，平均比例达在校生的20％，为此，国家逐步投入资金，加大资助工作力度，承诺"不让一个学生因家庭贫困而辍学"，开始启动了体现市场经济特点的国家助学贷款政策，并从2004年秋季新学期起实行新的助学贷款政策。这样逐步形成了以国家助学贷款为主体，"奖、贷、助、补、减"五位一体的资助政策体系。2007年，国家颁布了《国务院关于建立健全本科高校、高等职业学校和中等职业学校家庭经济困难学生资助政策体系的意见》，要求从制度上基本解决家庭经济困难学生的就学问题。同时，进一步优化教育结构，维护教育公平，促进教育持续健康发展。随之，国家连续下发了8个配套实施办法，从高校家庭经济困难学生认定工作、勤工助学管理、奖助学金管理等方面全面规范资助工作。这些对大学生资助管理提出了更高的要求，大学生资助管理日益成为高校学生管理中的重要组成部分。新资助政策的实施充分体现了国家对民生问题的高度关注和对生活困难群众的关心，体现了社会主义制度的优越性。新资助政策体系从制度上解决家庭经济困难学生的就学问题，使资助政策的发展达到了历史至高点。

大学生资助管理是构建社会主义和谐社会的基本要求。当前，社会成员对高等教育的需求随经济增长不断加大，但由于地区经济和家庭经济之间的差异，一些经济落后地区和家庭经济困难的学生顺利入学、安心读书、全面发展的愿望受到了一定的阻碍，客观上影响了高等教育人才培养目标的实现，对和谐社会的建设进程势必造成一定影响。加强大学生资助管理是落实国家高等教育资助政策，建立健全高校家庭经济困难学生资助体系的有效保障，从实践层面解决了经济困难家庭的教育负担，有利于学生的全面成长，体现了党的教育方针和执政为民的宗旨，有利于推进中华民族伟大复兴的进程。

大学生资助管理是促进教育公平和高等教育全面协调可持续发展的重要举措。收费并轨和稳定招生规模是高等教育适应社会经济发展需要而实施的两项重大改革。这些举措适应社会经济快速发展的需要，有利于提高国民素质。与此同时，也确实存在一些家庭经济困难学生，由于经济原因不能顺利接受高等教育，影响了教育公平。教育是民族振兴的基石，教育公平是社会公平的重要基础。大学生资助管理正是通过向家庭经济困难学生提供经济资助和能力培养，确保家庭经济困难学生享有同样的高等教育入学机会和接受高质量教育的机会，成为促进教育公平和高等教育协调持续发展的重要举措。

大学生资助管理是培养高素质人才的客观要求。我国在创新型国家的发展进程中，需要大量高素质的人才。但家庭经济困难学生因经济条件限制，正常学习和生活需求都无法得到满足，更无法谈及满足其发展需求，致使个人成长成才被客观条件所阻滞，个人潜能不能得到充分发挥。加强大学生资助管理，建立健全家庭经济困难学生资助体系，关心和帮助家庭经济困难学生接受高等教育，满足其学习、生活、发展的迫切需求，解除后顾之忧，顺利完成学业，能为建设人力资源强国输送更多的人才，能够保障家庭经济困难学生通过高等教育，充分发展个人潜能，实现成才愿望，实现其自身价值和社会价值。因此，加强大学生资助管理是培养高素质人才的客观要求。

2. 大学生资助管理的内容

大学生资助管理的主要任务是帮助家庭经济困难学生解决经济困难，同时加强学生综合素质培养，实现资助育人的目标。大学生资助管理的内容，主要包括资助资源的筹集及管理、家庭经济困难学生评定、资助项目的设计与实施、资助工作信息化建设和教育培养等五方面内容。

（1）资助资源的筹集及管理

资助资源是指学校用于资助家庭经济困难学生的资金和物品。高校资助工作的一项最基本的任务就是对家庭经济条件困难的学生进行经济补助，因此，拥有充足的资助资源是进行大学生资助管理的前提和保障。目前，高校用于家庭经济困难学生的资助资源主要来自四方面：国家投入、银行支持、学校投入和社会捐助。特别是2007年建立新资助政策体系后，国家史无前例地增加了高校学生资助财政投入，极大地提高了资助的额度和范围。为此，对大学生资助工作进行规范管理显得尤为重要。

在资助资源筹集方面，要广开门路、多方筹措，努力丰富资助资源。"从长远来看，从根本上确保资金投入的持续发展要处理好两个问题。一是要巩固发展成果，确保已建立起的政府、学校和银行资金投入的可持续发展。既要坚持国家政策，从学费中提取资助经费，也要确保以银行为投入主体的助学贷款的良性发展。助学贷款具有可循环使用的特点，是世界各国公认的最佳资助投入方式，也是最可持续的资助资金投入方式"。要保证学生获得助学贷款的可持续性，高校应当注重强化对学生进行诚信教育，并注重完善失信惩戒机制，以此来保证学生的贷款还款率。同时，也要"总揽全局，协调好校源地助学贷款和生源地助学贷款的关系，确保二者互相促进、共同发展"。二是要开辟新的发展领域，充分调动其他非政府组织的资助资金投入热情。一方面需要政府创设良好的社会环境，通过税收优惠等政策，鼓励企事业单位把闲置资源集中起来投入到资助家庭经济困难学生中来，最大限度解决大学生的实际问题；另一方面，高校要积极与社会各界取得联系，畅通渠道，争取社会团体或个人通过设立基金、设置资助项目、提供勤工助学岗位等方式广泛筹集资金，帮助经济困难学生顺利完成学业。

在资助资源管理方面，要做到专款专用，严格管理，加强监督，规范使用资助资源。国家要求各高校"要严格管理，强化监督，通过完善制度，规范程序，细化管理，确保资金专款专用"。因此，在资助资源的管理上应着重做好两项工作。第一，完善制度，严格程序。完善各项资助资金的使用、审批制度。严格制定并实施家庭经济困难学生评定、资助项目评审、资助金发放等工作程序，使各项资助资源的使用都能做到公正、公开、公平。第二，保证专款专用。保证专款专用就是要做到两点：一是从宏观上保证所有的资助资源都用于资助家庭经济困难学生。二是对有特定资助对象要求的资助项目，要严格遵守资助项目要求，确保专项使用，发挥其特有资助功能。

（2）家庭经济困难学生评定

资助工作最基本的目标是实现公平，而实现公平的最基本前提是确保评定的准确。家庭经济困难学生评定工作是资助管理必须解决的首要问题。《教育部 财政部关于认真做好高等学校家庭经济困难学生认定工作的指导意见》（教财〔2007〕8号）中指出：家庭经济困难学生是指学生本人及其家庭所能筹集到的资金，难以支付其在校学习期间的学习和生活基本费用的学生。这就是说可以通过对学生家庭收入与支出的比较来评定学生是否困难。比较方式一般有三种，第一种是以收入与支出的差为标准；第二种是以收入与支出的比例值为标准；第三种是以收入与支出之间的线性关系为标准。具体采用哪种方式，要结合实际情况来确定。

（3）资助项目设计与实施

资助项目设计是指对国家、社会和学校所提供的资助资源进行有效整合，确定具体资助项目的条件、对象、额度等，为确保资助效益奠定良好基础。资助项目的科学设计是资助工作公平、有效进行的根本保证。随着国家资助力度的加大，高校用于家庭经济困难学生资助的资源越来越多。如何科学、合理地规划资助资源、设计资助项目，充分发挥资助资源的最大效益，既是高校学生资助管理的核心内容，也是高校资助工作面临的重要课题。

在设计资助项目时，应重点把握两个原则。首先，以鼓励自强为原则，引导学生通过国家助学贷款、勤工助学来解决经济困难，尽量缩减大额无偿补助。其次，要紧贴学生需要，满足学生的个性化需要。高校应当结合学生的实际经济状况、个人能力、日常表现、心理特点等多种因素，为学生量身设计符合其需要的切实可行的资助项目。

在实施资助项目时，要采用恰当的方式、程序，确定每个家庭经济困难学生应获得的资助项目类别、额度等，确保资助工作公平、高效。首先，统筹实施资助项目。一是要统筹规划资助项目。将所有项目有效整合，并"定期公布学校的全部资助项目，集中申请、审批，以便学生合理选择和总体统筹，使有限的资源得到最优化的配置"。二是实行额度封顶。学生所获资助款总额不应超过额度封顶值，避免资助款在少数困难学生中过分集中，使资助资源不能得到合理有效地配置。三是个性化实施资助项目。依据学生特点及实际需求，给予学生相应的资助项目及额度，确保其获得相应的资助，提高资助效率、改善资助效果。四是要完善资助项目的评定程序，以公平、公正、公开为主要原则，认真履行评审程序，严格执行评审条件，不徇私情，同时要切实做好宣讲、公示工作。

(4) 资助工作信息化建设

学生资助工作涉及大量动态数据，业务量大且办理程序烦琐，尤其对各项工作的准确度要求很高。而科学、高效的信息管理、情报分析、业务操作是做好资助工作的重要保障。为此，构建大学生资助信息平台，通过信息化手段开展资助工作，是实现大学生资助管理的高效率和高效益的必然要求。资助工作信息管理包括以下三方面。

动态维护信息，准确把握学生信息。资助工作涉及学生个人信息、家庭信息以及受资助情况、贷款情况、勤工助学情况等多方面的大量信息。传统的通过纸质或电子表格管理的方式信息分散、错误率高且容易丢失，而通过信息管理系统可实现各项资助信息的准确、动态管理，并且提供即时查询功能，为资助管理提供信息支撑。

实现网上办公，提高工作效率。资助工作的各项业务工作量大且操作烦琐。通过资助信息管理系统可以整合包括困难生评定、国家助学贷款申请审批、资助项目评定、勤工助学管理等各项资助工作业务，使资助工作业务的办理更加科学、规范和高效，为资助管理提供业务支撑。

科学统计分析数据，提供决策参考。资助政策的制定、资助项目的设计必须依据学生的实际，精准的情报分析对资助工作具有重要的指导作用。通过信息管理系统可实现各项数据的及时、准确统计，使资助工作管理人员及时把握学校资助工作整体情况，为决策提供科学参考，为资助管理提供情报支撑。

(5) 家庭经济困难学生教育

资助工作在解决家庭经济困难学生实际问题时还担负着育人的责任。"各学校要从解决学生的实际困难出发，结合国家实施新资助政策的契机，结合学校的思想政治教育工作，做到物质上帮助学生，精神上培育学生，能力上锻炼学生，发挥资助与育人的双重功效。"在大学生资助管理中，资助育人是在学校育人的大背景下进行的，需要教育管理工作者找准经济困难学生面临的特殊问题、亟待解决的突出问题和影响学生成长成才的关键问题，有针对性地进行教育。

开展诚信教育，增强学生的诚信意识。诚信是中华民族的传统美德，是一个人立身处世的行为准则，是对一个人价值评判的重要标准。诚实守信是对大学生的最基本要求，但从当前情况看，高校家庭经济困难学生恶意欠费、到期不还助学贷款、在评定经济困难程度时弄虚作假等现象仍然存在。在大学生资助管理中，通过结合实际工作开展诚信教育，有助于提高学生的诚信水平，有助于提高资助工作成效。学校可以通过形式多样的教育活动，树立学生诚实守信的责任意识。可以通过加强贷款知识的普及和学校关于学生弄虚作假的惩处规定，在制度上约束学生的失信行为。同时，要积极营造诚实守信教育氛围，引导和鼓励学生时时讲诚信，事事彰显诚信。

开展感恩教育，培养学生感恩情怀。多年来，党和国家一直重视对家庭经济困难大学生的资助工作，每年投入大量的人力、物力、财力。尤其是新资助政策实施以来，国家从政策、制度、机构、队伍、资金上予以保障，确保每位学生不因经济困难而辍学。作为资助政策最大受益者，经济困难学生应具有感恩情怀，饮水思源，以实际行动回报国家。为此，在大学生资助管理中，既要把党和国家的温暖传达给每位学生，也要注重培养学生的感恩意识，使他们懂得感恩，学会报恩。在学生资助管理中，比如，可以组建由全部受资助学生参与的"爱心使者团"，每名成员每学期至少参与一次社会公益活动，通过自发成立、运营的"爱心超市"，募集物资，向其他贫困学生提供援助，成立"爱心学校"，组织爱心使者，到社会上的希望中学、农民工子弟学校、聋哑学校进行义务支教，实现困难学生由"他助"到"自助"再到"助人"的精神跨越，激发学生的感恩情怀和社会责任感。

开展自强教育，树立学生自强自立品质。大学生管理的本质是培养全面发展的人。大学生资助管理的重要目标之一，是要实现学生从"他助"到"自助"再到"助人"的转变。同其他学生相比，家庭经济困难学生的自强自立意识更强，渴望通过实现自我改变命运的想法更明显。为此，学校要从满足学生的实际发展需要出发，针对不同教育阶段学生的不同特点开展相应的自强教育，同时鼓励学生投身社会实践，自觉到基层一线去发挥才干，到艰苦的环境里去经受锻炼，到祖国和人民最需要的地方去建功立业。

3. 大学生资助管理的原则

(1) 确保公平的原则

确保公平是大学生资助管理的基本要求。党的十七大报告指出，教育公平是社会公平的重要基础。关于公平，马克思曾指出，"关于永恒公平的观念不仅因时因地而变，甚至也因人而异"，亚里士多德也有关于公平的论述，他认为，存在两种不同的公平，即平等性公平和分配性公平。前者要求把物品均等地分发给所有人，后者强调按人的功绩比例进行分配。分配性公平的基本前提是公平机会对所有人开放，大家都有机会来争取。它要保证所有人都有均等的机会，但所获得的分配并不是完全一致的，要因人、因地、因时而异。

很多国家的资助政策基本都体现了分配性公平理念，在国外，一般认为均等性的资助并不公平，只有通过不均等的资助才能实现机会均等，达到公平。我们国家当前的新资助体系充分体现了这一观念。在通过绿色通道、助学金等保证学生入学机会和基本生活的前提下，通过奖学金、助学奖学金、勤工助学、国家助学贷款等方式，为学生提供充分争取分配性公平的机会。

资助管理中贯彻公平原则，重在把握四个环节。首先，在资助政策制定时，作为资助工作管理者，要时刻牢记和体现公平原则，确保政策制定的起点建立在充分了解和考虑所有学生的基础上，最好能让学生也参与到政策制定过程中，充分保证学生的发言权、知情权。其次，高度重视家庭经济困难学生评定工作，让所有困难的学生都能进入资助范围，并根据实际情况对学生的困难程度进行分类，为有针对性地实施资助奠定基础。再次，在设计资助项目时，根据学生的不同需求，设立灵活多样的资助项目，划分不同的资助额度等级，保证项目能与学生的需求有效对接。最后，在实施资助过程中，时刻做到政策公开、信息公开、程序透明，并加强资助后的监督工作。

(2) 注重效率的原则

效率是评价资助管理的重要标准。提供充足的经费，提高经费的使用效率，是教育资源分配的核心原则。社会经济和高等教育的发展，都特别重视投入资金的使用效率。这就使得有效地使用有限的教育资源成为各国高等教育财政尤其是大学生资助政策中的一项不容忽视的指标。

资助是一种经济行为，是一种教育投资。一个国家在困难学生资助上的投入，除了解决学生的经济困难外，还要获得更多的人力资源，促进国民经济发展。也就是说，资助工作也要考虑个人及社会的教育投资回报率。在我国，新资助政策体系的建立充分体现了效率原则，力图从制度上建立一个长期、规范、系统的资助政策体系，谋求解决家庭经济困难学生经济问题的治本之策、长远之计。

资助管理中，效率原则体现在四方面。一是资助政策的针对性要科学设计针对不同学生的资助方案，避免出现资助强度偏大或偏小情况。同时，科学规划、设计资助项目，努力达到适当的资助目标，避免资助资源的浪费。二是资助政策的激励性。在资助项目的设计和实施中不仅帮助学生解决经济困难问题，而且要激励学生努力学习，全面发展，提高人力资本投资收益。三是资助政策的持续性。设计资助政策时要尽量保证持续和稳定，这要求项目本身有持续的资金来源，同时符合学生的长期需求。四是资助实施的高效性。资助工作任务重、要求高。高校要积极整合管理资源，加强机构建设，理顺工作机制，运用信息手段，不断提高工作效率。

（3）崇尚尊重的原则

尊重是对资助工作管理者与资助对象间关系的基本定位。在以人为本理念指导下，资助管理工作要走出客体状态，成为主体，管理者与管理对象之间应是主体间性关系。这种关系的基本特征是平等尊重。

家庭经济困难学生是一个特殊的学生群体，他们更需要平等尊重。他们面临经济困难，有希望获得资助的需求。同时，他们也处在生理和心理发展关键期，有着追求平等和个性、追求知识的需要，资助政策应该能满足这种需要，而不是建立在破坏这种需要的基础之上，因此，我们要格外注意，在资助的同时不要伤害学生的自尊。这就要求在大学生资助管理工作中彻底践行尊重原则。

资助管理中，崇尚尊重主要体现在五方面。一是尊重事实，主要体现为了解学生。只有充分了解家庭经济困难学生的心理、生活等各方面，才能做到设身处地、感同身受，才能给予学生最需要的帮助。二是尊重意愿。是否需要资助，接受何种形式的资助，都要基于学生本人的意愿，不能硬性地机械实施。三是保护学生的隐私。资助工作中，常常涉及大量的学生个人信息，有些属于个人隐私。要注意保护学生的隐私权不受侵犯，避免学生个人信息外泄。四是维护学生的自尊。在资助实施过程中，要充分体现人性化，让学生有尊严地接受资助，不要让学生因受资助而感到尴尬、自卑。五是给予学生充分的关怀。广大青年学生是祖国的未来、民族的希望。对于家庭经济困难学生，资助工作管理者要投入更多的精力，倾注更多的情感，满腔热情、周到细致地从事资助工作。

(4) 资助育人的原则

资助育人是大学生资助管理的重要目标。首先，这是以人为本理念在资助工作中的具体体现。以人为本的理念要求所有的教育工作时刻以学生的发展为根本目的。资助管理是学校教育管理中育人的重要方面，也必须以促进学生发展为最终目的。其次，家庭经济困难学生的实际情况，决定了资助育人的必要性和紧迫性。在我国，贫困人口主要体现为无业、失业、待业等利益相对受损群体，这种状况在短期内是难以彻底扭转的。这就意味着我们的家庭经济困难学生将长期面临经济困难。长期处于贫困状态，会导致学生形成一套特定的文化体系、行为规范和价值观念体系，这些会阻碍学生的发展。因此，资助工作不仅要满足学生在校期间表面的物质需求，确保受教育机会均等，更要满足学生长远发展需求，帮助学生提高综合素质，确保学生能够靠自身力量彻底走出贫困。

资助管理中实现资助育人，一方面，从解决学生的实际困难出发，结合资助工作契机，在资助实施中渗透教育。比如，将国家助学贷款政策与诚信教育密切结合，塑造学生诚实守信的良好品格。积极实施国家助学贷款代偿政策，引导和鼓励学生到国家最需要的艰苦地区、艰苦岗位和基层工作，用自己所学的专业知识努力回报社会。通过奖学金的发放激发学生积极向上、奋发学习的热情。鼓励学生参加勤工助学活动，培养学生勇于面对困难、自立自强、艰苦奋斗的优良作风。另一方面，从满足学生的实际发展需要出发，针对不同教育阶段学生的不同特点，在学校教育大背景下，有的放矢地开展丰富多彩的专项教育活动，取得让学生增信心、长才干的效果。

（二）大学生勤工助学活动的管理

1. 勤工助学岗位开发

（1）深入挖掘校内资源，努力开发校内勤工助学岗位

深入挖掘校内资源，开拓更多的校内岗位，是勤工助学岗位开发的重点。学校资助管理部门可以根据具体情况，主动与校内行政机关、教学单位、科研单位、校办产业、后勤服务单位联系，建立长期合作关系，为学生提供助研、助教、助管岗位。在开发勤工助学岗位时，应把握育人原则，侧重于开发有助于大学生专业学习和综合素质提高的勤工助学岗位。在开发勤工助学岗位时，应注重将大学生所学专业知识、社会需要和创业机会有机结合，根据学生的专业优势和技能特长，积极开发和学生专业密切结合、有利于学生发展的岗位。

（2）主动拓展校外渠道，积极开发校外勤工助学岗位

勤工助学活动既要立足校内，同时也要面向社会拓展。随着学生对勤工助学岗位需求的增加，校内岗位空间的逐渐饱和，开发校外勤工助学岗位已成为重要的工作内容。学校要主动与社会企事业单位联系，介绍学校的家庭经济困难学生情况，争取开发更多的社会勤工助学岗位。

（3）建设勤工助学实体，孵化勤工助学岗位

勤工助学实体是指在学校指导下，由学生自主经营、管理的勤工助学性质的盈利实体。在不影响学校正常教学、管理秩序的条件下，通过建设勤工助学实体既可以丰富学校勤工助学基金的来源，同时能够孵化一批勤工助学岗位。同时，在经营、管理实体的过程中，为学生提供充分的展示空间和实践载体，真正发挥勤工助学的育人功能。

2. 勤工助学岗位管理

（1）统一管理勤工助学岗位

勤工助学活动应由学校统一组织和管理，这是保证勤工助学活动健康开展的前提条件。《高等学校学生勤工助学管理办法》规定，勤工助学活动不能影响学校正常教学秩序和学生正常学习。为此，有意愿开展勤工助学活动的单位或个人，要到学校学生资助管理机构申请登记，经学校学生资助管理

机构批准后方可招聘学生进行勤工助学活动。

(2) 合理分配勤工助学岗位

勤工助学岗位分配是勤工助学管理的重要环节，勤工助学岗位分配公平与否直接影响着资助公平能否实现。因此，要科学合理地分配勤工助学岗位，应坚持信息公开、扶困优先和竞争上岗的原则。勤工助学岗位分配一般包括以下环节：第一，对申请勤工助学学生基本信息进行整理、分类，形成勤工助学学生信息库；第二，对学生进行岗前培训，使学生了解和掌握勤工助学基本常识；第三，结合不同年级、不同专业学生特点和学生特长，对学生进行初步分配；第四，对分配到岗的学生进行试用，试用期考核合格的学生，与用工单位签订协议书，考核不合格的，等待重新分配。

(3) 实现勤工助学岗位流动

勤工助学是最受学生欢迎的资助方式，而高校勤工助学岗位毕竟是有限的，往往供不应求。在勤工助学管理中，要定期对岗位进行核定，实行岗位轮换。实现岗位流动可以缓解岗位不足的问题，保证更多的人参与到勤工助学活动中。

3. 勤工助学学生管理

(1) 岗位培训

培训是提高勤工助学学生综合素质的重要手段，是实现勤工助学资助育人功能的重要环节。勤工助学培训包括岗前培训和在职培训，贯穿着从学生申请勤工助学岗位到学生从事勤工助学活动的整个过程。岗位培训的内容主要有三方面：一是勤工助学常识，使学生了解勤工助学基本业务流程，勤工助学活动中常见问题及解决途径；二是勤工助学工作需要的基本技能，包括着装礼仪、人际交往、办公软件等，使学生掌握工作技能，尽快适应工作；三是法律法规，如《高等学校勤工助学管理办法》《中华人民共和国劳动法》《中华人民共和国合同法》等，使学生了解在勤工助学过程中应有的权益，常见权益纠纷及解决途径，使学生学法、懂法、依法做事。

(2) 安全管理

由于大学生涉世不深、阅历不足，在组织大学生参与勤工助学活动时，要严格管理，加强对学生进行安全教育，保障学生在勤工助学活动中的安全和权益。

首先,在开展勤工助学活动前,采取严格审查资格,确保用工信息的可靠性。对用工需求,尤其是校外用工需求,严格核实用工单位或个人信息,防止学生上当受骗。主要核实两方面内容:一是用工单位或个人的资质。在用工单位或个人提出用工需求时,务必要求对方提供有效证件,明确用工单位或个人的身份。二是用工信息的真伪。在核实用工单位或个人身份后,结合用工方需求信息,结合用工方经营业务或工作,通过其上级主管部门或工商行政部门等途径核实其用工信息的真伪。

其次,签订劳动协议,确保学生在勤工助学过程中的合法权益得以保护。学生在校内开展勤工助学活动的,学校学生资助管理部门必须与学生签订具有法律效力的协议书。学生在校外开展勤工助学活动的,学生勤工助学管理服务组织必须经学校授权,代表学校与用人单位和学生三方签订具有法律效力的协议书。签订协议书并办理相关聘用手续后,学生方可开展勤工助学活动。

最后,加强对用人单位招聘过程和聘用学生期间的监督。对有损学生合法权益的行为,应予以纠正其错误行为或取消用人单位招聘学生勤工助学的资格。切实保障学生勤工助学应得的合理报酬,防止克扣和拖欠工资。在勤工助学活动中,若出现协议纠纷或学生意外伤害事故,协议各方应按照签订的协议协商解决。如不能达成一致意见,应按照有关法律法规办理。

(3) 思想教育

勤工助学是社会实践的重要内容之一,要充分发挥好勤工助学的育人作用,开展思想政治教育,使大学生在勤工助学活动中受教育、长才干、做贡献,增强社会责任感。学校要加强对勤工助学学生的思想政治教育,帮助学生树立自立自强精神,勤俭节约意识;引导学生拓展知识面,发挥最大潜能,提高综合素质;培养学生的诚信意识和责任心,鼓励学生诚信行为,培养学生的社会责任感。

(4) 薪酬管理

薪酬是对勤工助学学生付出劳动的回报,对缓解其经济困难有重要作用,同时薪酬是对学生工作行为、工作态度和绩效评价的具体体现,具有激励效果。因此，薪酬管理中应本着公平、公正、公开和按劳分配的原则，既确保经济困难学生的经济需要，又体现一定的激励作用。每月40工时的酬金原则上不低于当地政府或有关部门制定的最低工资标准或居民最低生活保障标准。同时，对勤工助学个人及团体工作进行全方位的评估，形成考核等级，对于在工作中表现突出，能出色完成任务的学生进行表彰，对表现不好的进行批评教育。

第五章　高校行政管理

第一节　高校行政管理总述

教育行政管理旨在培养具有较为扎实的经济科学、管理科学和教育科学理论基础，具备较为开阔的社会科学学术视野和掌握现代教育经济与教育财政研究方法的复合型专业人才。以适应我国政治经济文化发展和教育教学改革对高层次人才的需要，为中国教育经济与管理的发展培养一批与时俱进、奋发有为的高级人才。

高校行政管理通过控制、协调、指挥、组织和计划的措施，构建良好的生活、工作及教学秩序。为高校高素质人才的培养、高层次科研成果的取得奠定坚实的基础。行政管理的主要工作是为高校中的师生提供良好的行政服务，确保学校科研及教学等工作的顺利展开。但是其具有工作内容复杂、工作量大等缺点。因此，让高校行政管理工作为高校师生提供服务，就一定要重点突出高校改革及发展中高校行政管理的重要性，强化其服务性的根本性质。

高校行政管理与学术管理相辅相成，因此，高校的内部事务可划分为学术事务和行政事务。与之相对应，高校的管理可以划分为性质不同而又有关联的学术管理和行政管理。高校是知识的殿堂，"学术性是大学的灵魂"，学术管理在高校管理中具有举足轻重的作用。高校学术管理的主体包括学术人员和学术组织。学术管理的客体是学术事务，包括教学活动、科学研究、学科建设、课程设置、师资培养、学位授予以及就业、招生等事务。高校具有学术属性的同时，还具有行政属性，在其发展的过程中形成了自己的科层制结构，具有自己的行政体系。高校行政管理的主体是行政管理人员和行政机构，其客体是行政事务，主要涉及人事、组织、宣传、基建、后勤等事务。

高校行政管理的最终目标是使学校拥有的人力、物力等资源发挥出最大的价值，以完成学校的各项任务。我国高校行政管理在借鉴国外高校先进经验的同时结合我国国情初步形成了高校行政管理体系。这一管理体系在保障高校实现教学、科研两大主要任务目标，培养高素质大学生的过程中发挥着重要作用。当前，我国高校数量多，大学生人数众多，办学质量不断提高，办学条件也不断改善。全面深化改革时期，社会在较快发展的同时也对高校的教学、管理提出更高的要求。高校行政管理是保证高校办学方向、贯彻党的教育方针的重要保障。高校行政管理水平的高低直接影响着教学科研资源能否合理配置，因此，高校的管理工作水平对高校取得跨越式发展具有重要意义。

第二节 高校行政管理的问题与思考

一、高校行政管理中的问题

当前，各大高校实施高校行政管理的方式存在着差异。大部分传统高校行政管理的实施具有一定的基层制特点，在权力与人事方面存在下级负责上级的特点。当上级指定管理目标之后，每一级的行政管理根据上级目标制定分目标。学校采取的行政政策也是逐级落实到基层。高校传统的行政管理在具体工作中缺乏创新意识、因循守旧、视野过于狭窄。学术与行政各部门相比而言，后者的权力明显高于前者。高校的主旨是学术研究，这是产生新观念、新思想、新知识的必经之路，也是高等院校在今后发展的最终趋势，更是高校学术创新、思想及文化建设的决定性条件。因此，高校学术管理应该具有相应的自治性与独立性。但是在目前高校行政管理状况中，学术权力的位置被行政权力所挤占，而且还呈现逐步加重的势态。学术权力的削弱使高校学术研究受到严重的阻碍，其功能也被严重削弱。

（一）高校行政管理部门观念落后，缺乏服务意识

在服务型高校的建设过程中，行政管理人员要把为全校的学生和教职员工进行服务当作工作的重点，然而，在传统的高校行政管理理念中，行政管

理工作人员并没有形成相应的理念，工作人员没有把自身的定位放在服务上。不少高校在行政管理的过程中仍沿用过去的老办法与老思路，规范化与法制化建设强度明显不够，难以适应高等院校教学发展的需要。在行政管理方面，重视机构、重视权力分配、重视规章法则，但是人才培养方面却被明显地忽视。在处理事务的时候，领导不表明态度，没有自己的立场，墨守成规。同时高校基层行政管理部门必须接受多层次的领导。基层工作人员面对繁忙的日常事务很难有足够的时间去思考、研究，导致高校行政管理工作的服务质量较低，难以满足高校学生与教职员工的具体诉求，也就导致了高校行政管理工作的工作效率较低。

（二）行政管理人员素质偏低，无法满足发展需求

从某方面来说，行政管理应当属于一项辅助性的工作。在实际的行政管理中，注重效率与质量。但是在某些高校中，工作人员的素质与行政管理工作不符。第一，行政管理的人员来源范围广，很多工作人员并没有经过系统高等教育基础理论与专业管理知识的培训，也没有经过选拔，存在严重的"照顾"因素，这也导致行政人员素质缺位现象的发生。第二，高校高层领导对行政管理产生错误认识，认为其可有可无。在平时工作中，对工作人员疏于管理，采取放养式的管理方式，并未给其提供机会进行职业培训，也造成工作人员没有较高的职业素质。第三，受到机关化带来的负面影响。有部分工作人员没有先进的工作方式，过于注重形式，官僚主义现象严重，在平时，也没有通过学习武装自己，造成工作人员素质水平下降。

（三）高校行政管理组织结构不合理

机构设置不科学，行政管理人员多。我国的高校行政管理体系层级数量过多，许多部门的职责或功能都有所不同，机构重叠现象非常严重，并且行政人员数量每年只有增加没有减少，出现了行政管理人员冗杂的现象，使得校园行政很难达到理想的管理状态，决策力严重分散，权责不明，办事效率低下。这就导致教师与学生日常办理各种手续时，会面对相当复杂的工作流程。一件简单的事情就可能会涉及很多的部门，而部门之间权责不清，行政权力泛化。在这样一种情况下，行政部门相互配合与协作不够，造成巨大的人力、物力资源浪费，降低行政办公效率，给学生和教师带来了极大的不便。有些高校的行政管理组织结构则较为单一，忽视了行政管理组织要为全校师生负责和工作的目的，成为一种自上而下的管理模式，而合理的高校行政管理组织结构应该是一种自下而上的良性结构。这种不合理的组织结构严重降低了行政管理体系的工作效率，影响了高校的教学质量和科研水平。此外，行政管理存在官本位和层级制度，上至高校高层领导，下至教职工，存在较强的等级观念。

二、高校行政管理改革与创新的重要意义

由上述的分析就可以了解到，目前高校行政管理存在着较多的漏洞与不足。行政管理方面存在的问题，在一定程度上影响高校教学活动的顺利进行。基于此，改革和创新高校行政管理具有非常重要的意义。

（一）适应新时期发展需要

高校是培养知识创新与高层次人才的重要领域，其在社会中的作用越来越突出，对社会的影响力也越来越明显。高校教育持续发展，面对新时期各项要求，改革与创新已经逐渐受到高校的重视。高校唯有通过转变观念、更新管理模式，才能够推进高校行政管理改革与创新，才能够适应新时期社会发展的需要。

（二）保障高校改革发展顺利实施

在高校改革实施的过程中，高校行政管理具有协调、激励、参谋与保障等多方面的作用。在高校日常办学活动中，出现任何问题，都有可能影响到整个学校的教学工作，影响高校后期的发展。而行政管理在此过程中就是借用服务来处理不同部门之间的关系，以达到扬长避短、充分发挥各方面的优势、促进高校深入改革的目的，进而完善监督检查制度，根据不同部门，制定出不同的督办要求，促使各部门在组织开展的过程中能够及时完成任务，并根据实际工作提出具有针对性的发展意见，促使高校各项工作顺利实施。

三、完善高校行政管理的基本思路

（一）协调行政管理与学术管理的关系

高校的行政管理与学术管理共同组成高校特殊的机构，这两者的本质就

是要促进高校的不断发展。在此过程中，需要这两部门进行互动，协调好两者之间的关系，保证各项问题能够被针对性地解决，提高高校决策的科学性、合理性，避免资源的浪费。协调好两者之间的关系，需要从管理体制、组织设置、制度建设与工作程序等多方面着手，通过制度与体制促使学术管理与行政管理更加地规范化。

（二）实行柔性化管理

在高校行政管理的过程中，采用柔性化的管理方式，不仅可以将工作人员的积极性与主动性充分地调动起来，还能够加强行政管理与学术人员之间沟通交流，促使学校管理目标的实现。但是在实行柔性管理的过程中，首先就得树立民主管理理念，增强民主参与意识。在学校各项管理与决策的过程中，让师生参与进来，培养师生的主人翁意识与责任感。在行政管理的过程中，使用柔性化管理，可以激励内心，促进和谐校园的建设。同时还需要关注师生的情感需要。柔性管理的中心是人，充分的尊重与理解是柔性管理的前提。行政管理的过程中将人的中心作用充分凸显出来，可以增加亲和力与凝聚力。

（三）提高行政管理人员的素质

改革和创新行政管理，行政管理队伍的建设在其中具有非常重要的影响。不断提高行政管理人员的素质，优化行政管理队伍，是提高行政管理水平的要件。因此，高校应当在行政管理人员选拔上，严格遵循相应的准则与标准，保证行政管理人员综合素质满足该项工作的需要。同时还应当对工作环境进行优化，促使行政管理人员在管理工作中能够将其视作自己的事情，尽心尽力办好。

（四）转变高校行政管理的观念

首先，在行政管理中，要做到以人为本，转变对行政管理的认识。对自身进行明确定位，树立正确的管理观念。其次，在实施行政管理工作时，积极探索以人为本的方法及思路，转变行政管理工作的工作方式，重点实现以人为本的管理。最后，在实际工作中，对于被管理者要给予足够的尊重。在日常教学中，关心教职工，让他们没有被冷落、孤立的感觉，使被管理者能够积极发展。坚持以人为本，不仅可以更好地落实行政管理的各项工作，而且也提高了行政管理在高校运行中的影响,更能充分地发挥行政管理的重要性。

(五) 深入高校行政管理理论研究

实践出真知,但却是建立在现有理论的基础上,因此,为更好地促进行政管理工作的开展,很有必要对其进行理论研究。第一,行政管理课题进行立项,鼓励学者对其理论进行研究,营造良好的研究氛围。第二,给予取得行政管理成果的学者奖励,调动高校学者研究的积极性,促进理论研究的顺利完成。第三,结合成功理论研究成果进行深入研究,借鉴先进的研究经验,结合高校发展的实际情况,研究出适合自身学校发展的理论。

总而言之,在高校教学不断发展的过程中,高校行政管理作为重要的内容必须予以高度重视。而为能够与高校各项工作相互匹配,就得改革和创新高校行政管理,促使其在高校中发挥真正的作用。

第三节　高校行政管理的改革与创新

一、重视高校思想政治教育

(一) 高校思想政治教育和行政管理的关系

1. 思想政治教育是开展行政管理工作的思想基础

高校在制定和实施行政管理措施时,都是要用思想政治教育来作为指导的。行政管理的目的是用规章制度来对高校师生的行为进行规范,因此行政管理活动具备强制性的特点。行政管理规范被管理者的行为,但是无法实现对被管理者的思想教育,简单来说就是即使高校的师生不认同学校的某些制度,但是为了不受到处分,也必须遵守规章制度。如果要让师生认可学校的规章制度并且能够自觉地执行,就需要在思想上对师生进行教育,让被管理者真正理解学校制定的制度,在思想层面上认可该制度,这样学校的规章制度才是有意义的。因此,思想政治教育是行政管理活动的思想基础,只有思想政治教育取得了成果,才能为学校的行政管理的实施减小阻力。

2. 行政管理是实施思想政治教育的途径

行政管理的强制性措施是思想政治教育的支撑,且思想政治教育能够巩固高校教育的成果。思想政治教育能够让学生树立正确的人生观和价值观，以保证学生的行为能够符合社会主流价值观，符合社会主义现代化建设的要求。然而单纯的教育对于学生产生的影响往往是有限的，对一些自制力比较差的学生，其作用甚至是微不足道的，这就需要运用行政管理的手段来辅助思想政治教育。根据思想政治教育中暴露出来的问题，行政管理依据学生的实际情况有针对性地制定规章制度，强制学生必须按照制度来执行，对于违反规章制度的学生要采取相应的行政处分。因此，强制性的行政管理能够规范学生的行为，约束那些自制力差的学生。

3. 思想政治教育与行政管理是相辅相成的

高校教育的最终目的就是培养中国特色社会主义的建设者和接班人。思想政治教育与行政管理的根本目的也是促进学生政治思想素质的提高，两者在其中起着相辅相成的作用。从某些角度上来说，思想政治教育就是一种柔性的行政管理，而行政管理就是强制性的思想政治教育。行政管理活动如果没有思想政治教育作为基础，那么就无法让学生理解和认识，从而适得其反；如果思想政治教育没有行政管理作为执行手段，那么就会丧失强制力，对学生起不到教育的作用。因此，思想政治教育是实施行政管理的思想保障，而行政管理是实施思想政治教育一些强制性措施的手段。思想政治教育通过教育促进学生思想认识的提高，行政管理通过规章制度对学生的行为进行规范，两者都是为了学生树立正确价值观，并对学生做出正确的人生选择进行引导。

（二）高校思想政治教育和行政管理有机结合的具体做法

1. 改进思想政治工作体系以推动行政管理工作的顺利开展

第一，高校的思想政治工作主要是对学校的工作人员进行思想教育，学校要利用先进的管理理论来加强思想教育。学校要培养工作人员的参与意识和责任感，利用多种思想政治教育模式，将学校工作人员的参与意识调动起来，加强学校管理人员和被管理人员之间的关系，减少因为不能理解管理者的意图和对策而引起的不满情绪，为工作人员打造一个良好的工作环境。第二，对激励体系进行完善，以将工作人员的积极性充分调动起来，加强工作人员的参与。在以往激励制度的基础上，对管理者的行为激励以及关怀激励和支持激励等激励制度不断地进行改进。第三，强化培训，开展多渠道和多元化模式的业务知识和文化教育，提升工作人员的专业能力。

2. 提升行政管理干部的思想政治素质

要保证高校行政管理工作的高效性，关键是要具备一支具有高政治素质的行政管理干部队伍。行政管理干部需要具备高尚的品德和才华，怀抱远大的理想和目标，具有无私奉献的精神和服务精神，能够克服工作中遇到的各种困难，能够认真努力地完成工作任务。除此之外，行政管理干部还要具有良好的知识架构，具备综合分析能力和具体问题处理能力，只有道德和才能都具备，才能强化高校行政管理干部队伍的素质建设，因此行政管理干部需要三观端正，不断提升自身的政治素养，才能实现思想政治教育和行政管理的有效结合。

随着高等教育不断地改革和深入，各高校的办学规模也不断加大，这使得学校的管理工作中出现越来越多的问题。在这样的形势下，对高校行政管理者的要求也越来越高，而思想政治教育和行政管理的关系密切，高校在实施行政管理的同时，还需要加强思想政治教育工作，全面地提高高校管理的有效性。

二、服务型高校行政管理体系的构建

(一) 高校行政管理的服务特性内涵

1. 专业性的服务

由于高校中各个系别、学院都具有不同的专业，高校的行政管理工作过程中，经常会出现一些涉及专业领域的管理工作，而这些管理工作由于具有极强的专业性，也就给高校行政管理工作者带来了较大的工作难度。因此，高校行政管理工作人员要有足够的专业知识，只有具有专业能力的工作人员才能够更好地进行高校行政管理工作，从而为高校的学生和教职员工提供更多优质的服务。

2. 服务客体具有多样性

服务型的高校行政管理体系的工作核心是满足学生和教职员工的基本需求，为学生和教职员工进行服务。然而，由于学校中的人数众多，每个人都具有不同的要求，导致高校行政管理体系的服务具有多样性的特点。因此，高校行政管理工作人员要针对每个服务客体的具体要求，进行不同的行政管理服务，从而满足每个服务客体的基本要求，提升高校行政管理的服务能力。

3. 服务具有规范性的特征

对于高校行政管理体系而言，只有具备了较强的规范性，实行规范化的服务，才能更好地提升高校行政管理的服务质量。因此，高校行政管理体系的建立，要以满足学生和教职员工的需求为核心理念，通过对学生和教职员工进行规范化的服务，在每一个工作的环节都进行科学的设置并管理，简化高校行政管理工作的工作流程，从而让高校的学生和教职员工能够享受到更加优质的服务，促进高校教学质量和科研水平的不断发展。

（二）高校行政管理服务特性的意义

1. 服务型高校行政管理有助于高校行政管理改革

高校行政管理是维护高校日常运作和发展的重要环节，也是高校进行教学和科研的重要保障。不同的高校由于其实际情况有所不同，行政管理体系也有所不同，其管理模式对不同的高校具有不同的影响。而随着服务型高校理念的不断深化和发展，传统的高校行政管理模式已经无法符合高校的发展和建设，因此，对于高校行政管理体系进行相应的改革，已经成为高校不断发展的必然要求。服务型高校行政管理是以高校的学生与全体教职员工的诉求为核心的，以为学生和全体教职员工提供服务来更好地贯彻服务型高校的建设理念。因此，服务型高校行政管理的使用可以有效地促进服务型高校的不断发展，促进高校教学水平和科研水平的不断提高。

2. 服务型高校行政管理有助于培养高素质的优秀人才

高校的核心目的是为国家和社会培养更多高素质的优秀人才，而服务型高校的核心理念更是以学生和教师为本，对学生的能力和素质进行培养。因此，服务型高校行政管理要立足于学生和教师的实际要求，为高校的教学和科研层面提供更优质的服务，为高校的人才培养奠定坚实的基础。对于服务型高校行政管理理念的深化和贯彻，可以有效地培养行政管理部门的服务理念，从理念上提升行政管理部门的服务效果，使得行政管理部门能够更好地对学生和教职员工进行服务，让高校培养高素质的优秀人才的核心理念能够融入行政管理部门当中，从而使得全校形成为学生的培养服务的理念，提高教师的工作积极性，促进教学水平的不断提高，同时，服务型高校行政管理模式的使用，还可以给学生一个良好的生活和学习环境，激发学生的学习兴趣，提高学生的学习效果，为高校培养出更多高素质的优秀人才。

3. 服务型高校行政管理有助于高校科研发展

高校除了是培养人才的重要场所，还是进行科研的重要场所。传统的高校行政管理模式，注重行政权力的主体地位，而忽略了学术权力的重要作用，使高校行政管理体系无法为高校的科研方面做出应有的贡献，导致高校的科研水平难以得到发展。而在服务型行政管理模式的高校中，除了注重对学生的培养以及对学生与全体教职员工的服务，还要注重提升学校的科研能力，这就要求在行政管理中，更加注重学术的重要地位。服务型高校行政管理模式能够更好地协调各个部门之间的关系，让各个部门能够在促进高校科研水平的目标上共同努力，从而为高校顺利进行科研项目提供相应的保障。同时，在服务型高校行政管理的模式下，不仅要注重高校的日常工作，更要着眼于未来，对于高校的未来发展有一个明确的认知，建立相应的战略方针，从而有效地提升高校的教学质量和科研水平。

（三）基于服务特性的高校行政管理工作构建思路

1. 改变传统的高校行政管理理念

传统的高校行政管理理念，更加侧重管制整个行政管理的工作流程，使工作的每一个环节都能更加符合高校相关的规章制度，而忽略了行政管理应该满足学生与教职员工的基本要求，这也就导致了服务型高校行政管理体系难以进行构建和发展，阻碍了高校的发展步伐。因此，在高校服务型行政管理体系的构建过程中，高校的行政管理部门必须转变传统的行政管理观念，通过树立以学生和教职员工为本的服务思想，来对全校的师生负责，在行政管理的工作过程中，充分考虑学生与教职员工的基本要求。

2. 建设服务型高校行政管理队伍

行政管理工作人员在整个行政管理工作流程中起主体作用，行政管理工作人员的工作能力和素质，直接地影响了整个行政管理工作的质量。因此，对于行政管理工作队伍进行相应的建设，对提升服务型高校的行政管理水平具有重要的意义。在服务型行政管理队伍的构建过程中，首先要提高行政管理工作人员的思想政治素养，使行政管理工作人员能够具有良好的职业道德和服务意识。

3. 建立完善的服务型高校行政管理制度

完善的制度是保证服务型高校行政管理顺利开展的重要前提，因此，在服务型高校行政管理的建设过程中，要对服务型高校行政管理的规章制度进行相应的建设。要建立相应的民主决策制度，让全校的学生与教职员工都能够融入管理过程中。

还要建立一个对于行政管理水平和质量的评价监督机制，让学生和教职员工能够对服务型高校行政管理进行相应的评价，并吸取其中的不足之处进行相应的改正，以保证服务型高校行政管理能够顺利地进行。

行政管理体系在我国高校的发展和建设上具有重要的意义，通过对服务型高校行政管理体系的构建，可以有效地深化我国服务型高校建设的程度，促进我国高校教学水平和科研水平的不断提升。

三、"以人为本"的后勤服务体系构建

（一）"以人为本"的高校行政管理理念

"以人为本"的高校行政管理理念，是以"为广大师生服务"为宗旨的，也是国家对教育事业发展的新要求，对我国政治、经济、文化的发展都具有深远的影响。在传统的管理模式下，高校行政管理理念落后，严重忽视了广大师生的主体作用，导致行政机构冗余，管理人员工作效率低下，后勤服务质量得不到有效保障，严重影响了教学科研工作的开展。因此，只有对高校后勤行政管理体系进行优化和改革，贯彻"以人为本"的管理理念，将服务教学、教师和学生当作首要任务，提高管理人员的综合素质，才能为高校各项工作的开展提供保障，促进我国教育事业的发展。

（二）"以人为本"的高校后勤行政管理体系的构建

1. 树立"以人为本"的管理理念

要实现高校后勤的人性化管理目标，必须树立"以人为本"的管理理

念，确保后勤行政管理舒心、放心，能够充分满足现代化管理要求，加强管理的人性化，才能充分调动后勤人员工作的积极性和主动性，确保其在工作中尽心、尽力、尽责，更好地服务于广大师生，让教师和学生在良好的校园环境中工作和学习，从根本上实现人力、财力、物力的功能最大化和效用最大化。

2. 提升后勤服务保障功能

随着高等教育的大众化发展，高校后勤工作正朝着社会化的方向发展，学校的大学生多为"90后""00后"，他们对高校后勤服务的要求不断细化，为有效满足学校、教师和学生的基本需求，必须重视对后勤行政管理体系的优化和完善，改变传统的后勤行政管理模式，提升高校后勤服务保障功能，为广大师生提供主动、高效、便捷的服务，充分满足高校发展的基本需求。在高校后勤行政管理工作中要坚持走可持续发展的路线，实现科学化管理，以人为本，提高高校后勤行政管理人员的工作热情。

3. 建立高素质的后勤干部队伍

要想做好高校后勤保障服务工作，必须重视对高校后勤人员的培养，建立高素质的后勤干部队伍。高校只有加强高素质后勤干部队伍建设，聘请专家开展后勤服务知识讲座，不断更新高校后勤行政管理理念，增强后勤人员的责任感、服务意识，提高后勤人员服务水平，才能使高校后勤行政管理跟上时代发展的步伐。

4. 优化和完善后勤运作机制

随着科学技术的快速发展，传统的后勤行政管理模式已经不能满足高校教育事业发展的需求，因此，优化和完善高校后勤运作机制是十分必要的。将先进的信息技术应用到后勤行政管理中，能够实现高校后勤的信息化管理，使后勤行政管理部门及时掌握并汇总工作信息，为高校后勤行政决策创造有利条件。高校还可以构建信息交流平台，有效实现师生和后勤人员的双向互动，提高后勤行政管理水平，使后勤行政管理工作科学化、规范化、合理化。总结高校后勤服务是学校中心任务开展的重要保障，后勤部门只有在服务广大师生的过程中贯彻落实"以人为本"的理念，才能为高校后勤工作和教育教学工作开拓新的局面，实现高校后勤行政管理的科学化和规范化，促进教育教学活动的开展。

四、高校行政管理效率提升策略

（一）健全人才准入制度，引进尖端行政管理人才

在高校行政管理领域，大部分行政管理人员都来自基层，其管理方法与管理理念是在日常工作经验中形成的，而且是以工作经验为基础开展各项管理工作。大部分行政管理人员自身所具备的知识水平偏低，没有掌握新型的管理方式，管理理念较为落后。随着时代的发展，尤其是信息化水平的不断提高，依托工作经验的行政管理模式已无法适应时代发展的各种要求。基于此，在高校行政管理中应高度重视创新管理模式的问题，积极构建完善的人才准入机制，以此提高行政管理队伍的整体水平；应以人才退出机制为辅助，对行政管理人员进行定期考核，依据其表现决定去留。发挥机制优势，能够激发高校行政管理的活力，提高管理效率与质量。

（二）完善管理与服务的责任制和绩效管理

公立高等院校的经费来源主要为政府拨款，在院校管理层面需要受到行政体制的约束，因此，应结合院校实际，打破传统的单一制行政管理模式，引入管理责任制和服务责任制，以企业管理和服务模式为参考，切实将行政管理工作落实到个人。此外，要适当下放行政管理权力，依据管理人员个人特长合理安排管理岗位，使管理人员的才能得到充分发挥，提高个人发展与高校发展的契合度。

1. 明确行政管理人员的职责

在工作中，只有按照岗位的不同，制定不同的绩效考核标准，才能达到完善绩效管理的目的。第一，高校需要根据自身的运转需求，确定行政管理部门以及行政管理工作人员的数量。如果学校的规模比较大，则可以设置较多的行政管理人员，反之，则要减少。第二，要根据岗位的不同，确定不同的工作职能，规定行政管理人员所应该承担的责任和义务，使行政管理的效率得以提升。第三，学校要为每个行政管理人员确定对应的绩效目标，比如在确定绩效目标的时候，需要根据部门的整体绩效目标、个人的岗位要求、行政管理目标、行政管理的难度等方面进行综合考量，使绩效管理的目标可

以在工作当中得到实现。

2. 完善绩效管理考评体系

需要完善绩效考评体系，才能有效完成绩效管理的目标，促进行政管理人员的自我提升，因此在实际过程中需要加强绩效考评体系的修正，才能满足管理的要求。为了使高校行政管理人员的绩效考评更合理、更有效，应从以下几方面入手。

（1）目标分解，计划到位，科学定位，有效沟通，职责明确

在绩效管理的四个环节中，绩效目标的设立最重要，它是绩效管理活动的中心和总方向，决定着计划时的最终目的、执行时的行为导向、考核时的具体标准。设定绩效计划目的在于将学校发展战略及目标与每位行政管理人员的行动结合起来，确保行政管理人员的工作目标与学校的战略目标保持一致，最大限度地保证学校战略目标的实现。绩效计划必须清楚说明期望行政管理人员达到的结果以及为达到该结果所期望行政管理人员表现出的行为和技能。通过层层分解目标来实现。并力争保持学校战略目标与规划和教职员工个人愿景的和谐一致。

（2）重视过程考评和控制，力求考评的完整性和连续性

控制是管理的一项基本职能，它是通过对计划执行情况的监督、检查等方式，及时发现目标偏差，找出原因，采取措施，以保证目标顺利实现。一个完整的绩效管理系统包括绩效目标与计划、绩效控制、绩效考评、绩效反馈四个环节。要使绩效考评真正有效，必须关注以下几方面。

做好平时记录，形成绩效文档。绩效管理一个很重要的原则就是无意外，认真做好被考评人员的平时绩效记录，形成绩效文档，作为年终考评的依据，确保年终考评有理有据，公平公正。

营造浓厚的学习氛围，提高员工自我学习能力。高校本身就是一个学习型的组织，更要根据不断变化的形势，调整人才培养的目标和计划，为行政管理人员的发展营造良好环境创造相应的条件。

慎重选择考评主体，体现全面性、针对性。高校行政管理人员服务的对象主要包括学校高层领导、教师、学生及其他相关的管理人员，应该说相对教师而言要广泛得多；同时，不同的行政管理岗位又有自身不同的主要服务

对象，对行政管理人员的绩效考评应慎重选择其考评主体，力求保证全面性、针对性，并考虑到其与被考评人的关系、素质、各类考评主体的人员分配比例等因素，从而使考评结果更具公平性、公正性、合理性，也更可信，更有效。

确立奖惩性评价与发展性评价相结合的价值取向。在绩效考评过程中，由于价值取向的不同，评估的指标、标准及考核评估的方法等都会有相应取舍。可以说价值取向是绩效考评的基础，也是建立整个绩效考评体系的方向。奖惩性评价主要以奖惩为目的，是一种不完全的评价，是一种终结性的面向过去的评价。它在某种程度上可以促进改革，促进提高，引起部分人员的共鸣和反响，但它从根本上忽视了评价的激励和导向的功能，不利于促进全体行政管理人员的发展。而发展性评价既注重人的全面发展、和谐发展、个性发展和人格完善，又注重一个组织发展和社会发展的需要，体现价值一元性与多元性的统一。但发展性评价若不与奖惩性评价相结合，又会导致广大行政管理人员无压力和激励刺激，同样对提高管理水平及服务质量无益。因此，在高校行政管理人员的绩效考评中必须将两种评价方法结合起来，综合运用，才能收到很好的效果。

重视个人绩效的同时，关注团队绩效，实现绩效最大化。对于高校的每个行政管理岗位而言，实际上都要求多种能力的组合，而每个人能力结构是不同的，同时，一个人的能力也是有限的。而高校的行政管理是个完整的系统，许多管理工作是相互联系、相互影响、相互制约的。因此，学校管理者若能在进行个体绩效考评指标设定时，根据各岗位的实际情况，适当加入一些与团队绩效和流程相关的指标。并通过团队绩效目标及相关工作流程将具有不同能力结构的人融合在一起，量才用人，任其所长，不任其所短，创造机会，重视引导，形成团队成员互促共赢的局面，实现绩效最大化。

3. 加强考评结果的运用

首先，要重点关注考评结果的反馈。当完成考评之后发现行政管理人员存在问题，要及时寻找原因，找出解决的方法，改善行政管理人员的行为。其次，要将考评结果与行政管理人员的薪酬、晋升挂钩，使行政管理人员可以争先提高自身的工作质量，以期获得更好的考评成绩。最后，要将考评结果进行对外公布，使行政管理人员可以了解到绩效管理的权威性，从而注意自身的行为，提高行政管理的效率。

4. 强化绩效考核的激励措施

由美国心理学家斯金纳提出的强化理论可知，人们总是期望完成任务并取得阶段性成绩后，能够得到适当的奖励和大家的肯定。组织的战略目标如果没有相应的物质激励或精神激励来持续强化，长此以往，高校行政管理人员的工作积极性就会逐渐消失。根据激励理论及激励方法的不同，建立在高校行政管理人员的管理者可从以下几方面强化绩效考核的激励措施。

(1) 物质激励

现阶段，物质激励仍然是大多数高校行政管理人员关注的重心。高校行政管理人员的管理者可以将各岗位人员性格特征、需求的差异性、服务数量、服务质量、服务对象的满意度及服务难易程度等综合测评，与其绩效工资挂钩，在各单位内进行绩效工资的二次分配，不同部门不同岗位不同的行政管理人员之间拉开差距，以体现多劳多得，优绩优酬。

(2) 精神激励

物质激励与精神激励两者之间相互配合，相得益彰，缺一不可，只重视物质激励而轻视精神激励不仅会加重学校经济负担，而且对员工的长远发展不利，而只重视精神激励轻物质激励，不能满足职工的基本生活需求，因此要两者有效结合，各自发挥自身优势，弥补对方的不足。精神激励相对于物质激励而言是无形的激励，是看不见摸不着的激励方式，但是能满足人们精神上的需求，包括给员工升职、对他们的工作认可、职位晋升、培训激励和被尊重的激励等多种形式的激励手段，能给他们带来荣誉感、成就感和满足感，持续地凝聚他们的工作信念，让他们激情饱满地实现组织目标。马斯洛需求层次理论中指出，人们在满足生理需求和安全需求后，会更多地关注社交、自尊、自我实现等更高层次的需求，随着人们生活水平的提高，高校行政管理的决策者和管理者在采取物质激励的同时，还应该把重心转移到以满足较高层次需要上。

(3) 知识激励

知识激励也是激励中的重要部分，是指高校行政管理人员对知识的需求，及时提供必要的技能知识、信息及学习知识的机会来调动他们的积极性和创造性的一种激励手段。高校行政管理人员是知识型人才，他们既有一般人的基本需求，又渴望生活的归属感、事业上的成就感和社会上的荣誉感，收入对其满足需要的边际效用呈递减趋势，随着生活水平的提高，对物质激励越来越淡化，非物质的需求所占的比重越来越大，自我实现需求占据主导地位。知识激励主要包括向不同党政单位各个职能部门行政管理人员提供必要的专业知识培训和获取各种知识的机会，如定期将高校行政管理人员输送到与自己工作或所学专业相关的培训基地进行知识培训，以提高其专业知识技能和综合素质。

（4）目标激励

目标激励是指高校设置整体发展的目标，使行政管理人员的个人目标与学校的整体目标紧密地结合在一起，让他们感觉到他们的个人利益与学校整体利益息息相关，愿意全心全意为高校发展服务。建议高校行政岗位的管理者在采取物质激励的同时，还需结合目标激励机制，结合各个部门不同岗位人员的绩效考核结果，能力和素质特征、服务态度、服务质量和工作效果，为其确定适当的岗位目标，岗位目标再分解成多个目标，与本人工作岗位有效地结合起来，能够诱发人努力的去争取和进取的方向。心理学上把目标称为诱因，是启发人们奋发向上的内在动力。同时各高校根据自身战略目标和学校的财力引入现代企业人力资源管理理念，并制定竞争性和市场化的宽带薪酬制度，从而吸引优秀人才，推动教育事业的发展。将有事业心、有进取心、有领导力、综合水平兼优的人员安排到重要的工作岗位上，充分挖掘他们的才能，调动他们的工作热情，推动他们的职业生涯发展；另一方面，可以根据绩效考核结果对高校行政管理岗位进行优化配置，将不同岗位不同层次的人员合理配置到相对应的岗位上去，人尽其才，才尽其用。

（三）建立健全行政管理制度，实施量化管理和信息化管理

有章可循是开展各项管理工作的重要前提，同时也是确保管理取得成效的关键。为了提高高校行政管理效率，需要构建完善的管理制度，依托制度优势开展各项行政管理工作。为此，在院校内部应针对管理人员设置值班制度、岗位责任制度、办公制度等。还应结合管理人员的工作特征，设置绩效

考核制度，确保绩效考核所采取的评价指标具有代表性与科学性，并将制度落实程度纳入个人考核内容之中，与绩效联系在一起。在管理制度构建的过程中应始终坚持以人为本的工作理念，面向所有行政管理人员征集相关意见，以确保制度本身具备良好的操作性和实践性。在高校行政管理中存在着较多环节的信息沟通问题，如管理高层向基层传递信息需要经过多个层级，而基层向管理层传递信息也同样需要经过多个层级，导致信息传递效率较低，难以发挥信息的时效性。基于此，应完善高校行政管理机构，分别设置问题调查部门、意见收集部门、服务监督部门与政策编制部门等，对每个部门的职责和权利给予明确的界定，并构建监督机制，以保障行政管理工作的高效性。此外，在管理方法上，应引入信息化管理与量化管理方式，结合院校发展实际与时代发展特征，不断更新行政管理理念，引入先进的管理方式，有效提升高校行政管理的水平。随着社会经济的不断发展，市场对人才培养提出了新的要求。高校需要高度重视管理工作。当前，我国高校行政管理体制仍存在一些问题，希望每一位高校行政管理工作者都能拿出严谨与认真的态度，使教育管理工作得以完善，行政管理工作得到加强，为我国高等教育的人才培养做出积极的贡献。

（四）加强各部门的协作，增强沟通交流

行政管理应胸怀大局意识，根据高校的发展规划方针，统筹兼顾，有侧重、有目标地安排各项工作，保证学校各项工作的顺利推行。行政管理需要良好的前瞻性，不可只顾眼前利益或小集体利益，眼中要有学校这个"整体"，各部分、教学单位分工协作，并无孰轻孰重的区分。加强各部门的协作，增强沟通交流，吸纳有效建议，弥补当前工作的不足之处，提高整体行政管理水平。

高校行政管理依赖于高校行政管理信息的通畅。信息的通畅离不开有效地管理沟通。为了改善高校行政管理沟通，需要做到：第一，要拓宽信息沟通渠道。人与人之间的沟通除了正式的沟通还需要非正式的沟通，有时候非正式的沟通甚至比正式沟通更有效。高校行政管理人员应该深入研究师生员工喜爱的沟通方式，才能做到管理信息沟通的快捷、有效。第二，要提倡双向沟通。双向沟通是指有反馈的信息沟通，这种反馈可以进行多次，直到双方满意为止。它的优点是信息传递的准确性和接受率较高。

(五) 强化行政管理人员的忧患意识

行政管理人员需要增强责任感、使命感。同时也需要具有忧患意识,增强危机感、紧迫感。忧患意识在一定程度上包含预见意识和防范意识。"祸兮福之所倚,福兮祸之所伏"。忧患意识的重要表现就是善于从看似平静的日常工作中预见危机,从有利中发现不利,准确判断,未雨绸缪,防患未然。当前是我国高等教育的快速发展阶段,许多高校都处于转型的关键时期,行政管理人员要保持清醒的头脑,增强工作的预见性,并且做好各种应急预案。总而言之,我国高等教育事业发展迅速,高校行政管理也需要迎难而上,锐意进取,不断深化教育管理体制改革;丰富行政管理人员的管理工作经验,完善行政管理工作方法,提升行政管理工作效率,为我国新时代高等教育事业发展做出应有的贡献。

(六) 提升高校行政管理人员自我价值感

高校行政管理人员自我价值感的高低不仅影响其自我实现的进程,影响其自身的心理健康水平,还直接影响其工作效率和工作潜能的发挥。因此,提升高校行政管理人员的自我价值感是必要的,也是具有现实意义的。

1. 提高自我概念水平

自我概念是个体对自己的总体知觉,它包括对自己的生理自我、道德自我、心理自我、社会自我、家庭自我、自我认同、自我满意和自我行动等多维度的认知和评价。低自我价值感的高校的行政管理人员应该首先学会正确地、合理地认识自我,学会欣赏自我,并诚恳地接纳自我,在工作中不断地审视自我、分析自我和探索自我。只有提高了自我概念水平,才能对自己提出合理的目标和期望.工作中才能够很好地把握自己,创造更高的自我价值感。

2. 培养积极思考心态

个体的思维方式的性质决定其行动能力,行动的能力决定其工作的效果,工作的效果决定其自我评价,自我评价决定其自我价值感的高低。高校行政管理人员在开展工作的过程中,常常会遇到许多不确定的因素和不能自主的情况,这些使他们在工作中产生不确定感、烦躁不安、无助感、焦虑等负面情绪。因此，工作中学会运用积极思考法，可以帮助他们发现工作中的乐趣，积极地面对工作中的挫折、压力，合理进行自我心理调节，保证愉快地开展工作，获得较好的、满意的工作绩效。

3. 提升情绪管理能力

根据相关研究，个体的情绪智力更多的是指个体的情绪管理能力。个体的情绪管理能力可以反映一个人的成熟水平，情绪管理能力强的个体可以控制自己的不良情绪，如果个体情绪出现波动时，可以主动地调节，使其适应自己的工作和生活，或者将其对工作和生活的影响控制在最低水平。在工作过程中，无论是由于自身人格因素，还是工作因素，高校行政管理人员都会出现情绪波动，甚至情绪失控的情况，如果处理不当，不仅会影响他们积极地开展工作，还会影响其积极的自我价值感的形成。高校行政管理人员可以通过学习放松技巧，掌握一种或几种放松技巧，帮助自己稳定情绪。通过这些情绪管理技巧或情绪管理方法，可以帮助高校行政管理人员理智地面对工作中遇到的各种情境，成功地处理工作中的难题，并能够得到别人和自己的积极的肯定，有助于他们形成积极的、正向的、健康的自我价值感。

4. 规划职业生涯

合理地进行职业生涯规划，可以帮助个体有计划地进行自我实现，让个体在人生的每个阶段都可以形成高自我价值感。高校行政管理人员可以根据个人的实际情况和工作任务，并结合学校的发展目标和方向，对自己的职业生涯进行规划，让自己清楚地知道每个阶段该做什么，可以检验自己每个阶段自我发展和自我完善的课题完成情况。这样他们可以在工作中完成自我实现，进行自我成长，提升自我价值感。

（七）加快行政管理的信息化和现代化建设

21世纪是信息技术的时代，随着信息技术被越来越广泛地应用到工作、生活的各方面，充分、合理地利用资源，加快高校行政管理工作信息化、现代化进程，提高管理效率，改善管理条件，逐步做到管理手段和设施的现代化、网络化。

参考文献

[1] 王慧. 现代教育理念下的高校教育教学管理研究 [M]. 北京：化学工业出版社，2021.

[2] 丁兵. 当代高校教育管理研究 [M]. 西安：西北工业大学出版社，2019.

[3] 岳若惠. 现代教育理念下的高校教育教学管理 [M]. 西安：西北农林科技大学出版社，2013.

[4] 吴穹，许开立. 安全管理学 [M]. 北京：煤炭工业出版社，2002.

[5] 冯刚，赵锋. 走进英国高校学生事务管理 [M]. 北京：中国人民大学出版社，2008.

[6] 孙仁歌. 现代教育学论 [M]. 合肥：安徽文艺出版社，2018.

[7] 褚蝶花，黄丽芳，朱丽娜. 教育管理与教学艺术 [M]. 北京：中国原子能出版社，2017.

[8] 闫智勇. 中国高等教育治理体系现代化研究 [M]. 重庆：重庆大学出版社，2018.

[9] 李小红，杨柳. 新时期高校思想政治教育与管理创新 [M]. 北京：新华出版社，2015.

[10] 徐小洲. 变革时代的学校与教育 [M]. 杭州：浙江大学出版社，2017.